EURE ORDNUNG IST AUF SAND GEBAUT

EURE ORDNUNG IST AUF SAND GEBAUT

LUXEMBURG BEIM WORT GENOMMEN

neues leben

Auswahl und Zusammenstellung: Franziska Kleiner

»Die Andersdenkenden
haben Rosa Luxemburg
umgebracht.«

Graffiti

INHALT

Hermann Duncker schätzte an seiner Kampfgefährtin Rosa Luxemburg ihre Intelligenz, ihr Talent und ihre universelle Bildung. Sein Versuch, ihre herausragende Persönlichkeit zu erfassen, inspirierte die Gliederung dieser Auswahl.

DIE REVOLUTIONÄRE MARXISTIN

Marxismus ist eine revolutionäre Weltanschauung, die stets nach neuen Erkenntnissen ringen muss, die nichts so verabscheut wie das Erstarren in einmal gültigen Formen, die am besten im geistigen Waffengeklirr der Selbstkritik und im geschichtlichen Blitz und Donner ihre lebendige Kraft bewährt.

Die Akkumulation des Kapitals oder Was die Epigonen aus der Marxschen Theorie gemacht haben, 1915 (GW 5, 523)

Die moderne proletarische Klasse führt ihren Kampf nicht nach irgendeinem fertigen, in einem Buch, in einer Theorie niedergelegten Schema; der moderne Arbeiterkampf ist ein Stück in der Geschichte, ein Stück der Sozialentwicklung, und mitten in der Geschichte, mitten in der Entwicklung, mitten im Kampf lernen wir, wie wir kämpfen müssen.

Massenstreik und Gewerkschaften, Hagen 1910 (GW 2, 465)

Seit im Jahr 1874 durch den historischen Ruf Marxens: Proletarier aller Länder, vereinigt euch! die *internationale* Arbeiterbewegung aus der Taufe gehoben wurde, dauert eine wütende Hetze aller »gutgesinnten« Parteien und Gruppen, aller Vertreter der bestehenden Ordnung, der ganzen bürgerlichen Welt gegen die »vaterlandslosen Gesellen«, gegen den internationalen Gedanken des Proletariats. Je mehr die Arbeiterklassen aller Länder sich zum höchsten kulturellen und historischen Weltbürgertum entwickeln, umso krampfhafter stürzt sich die alternde Bourgeoisie einem barbarischen Chauvinismus in die Arme.

Düsseldorf und Stuttgart, 1902 (GW 1/2, 272)

Der wissenschaftliche Sozialismus lehrt uns Frauen, dass wir unsere volle menschliche Befreiung einzig und allein mit der Aufhebung des Privateigentums an den Produktionsmitteln in einer sozialistischen Ordnung erlangen können. Er macht es uns damit zur Pflicht jeder Stunde, für dieses hehre Ideal zu wirken, das das geschichtlich gegebene Ziel der Arbeiterbewegung ist. Den Proletariern ihrerseits erklärt der wissenschaftliche Sozialismus, dass sie dieses ihr Ziel nicht ohne die bewusste, tätige

Unterstützung der breitesten Frauenmassen zu erreichen vermögen. Tatsachen über Tatsachen bekräftigen es.
Das rasche und starke Anschwellen der beruflichen Frauenarbeit zwingt die für Lohn oder Gehalt Schaffenden, in der Erwerbsgenossin eine Gefährtin im Ringen um würdige Daseinsbedingungen zu achten und zu gewinnen.

Mehr Sozialismus, 1915 (GW 7/2, 935)

In den bürgerlichen Revolutionen waren Blutvergießen, Terror, politischer Mord die unentbehrliche Waffe in der Hand der aufsteigenden Klassen. Die proletarische Revolution bedarf für ihre Ziele keines Terrors, sie hasst und verabscheut den Menschenmord. Sie bedarf dieser Kampfmittel nicht, weil sie nicht Individuen, sondern Institutionen bekämpft, weil sie nicht mit naiven Illusionen in die Arena tritt, deren Enttäuschung sie blutig zu rächen hätte. Sie ist kein verzweifelter Versuch einer Minderheit, die Welt mit Gewalt nach ihrem Ideal zu modeln, sondern die Aktion der großen Millionenmasse des Volkes.

Was will der Spartakusbund?, 1918 (GW 4, 443)

In der Tat lehrt das Abc des Sozialismus, und zwar des *Marxschen*, dass die sozialistische Gesellschaftsordnung kein bestimmtes, von vornherein erdachtes Ideal einer Gesellschaft ist, das sich auf verschiedenen Wegen und auf verschiedene mehr der weniger geistreiche Weise erreichen lässt, sondern *einfach die historische Tendenz des Klassenkampfes des Proletariats im Kapitalismus gegen die Klassenherrschaft der Bourgeoisie.* Außerhalb dieses Klassenkampfes zweier bestimmter Gesellschaftsschichten ist es unmöglich, den Sozialismus auf dem Wege der Gründung urchristlicher kommunistischer Gemeinden oder durch die Propaganda des genialsten Schöpfers sozialistischer Utopien, auf dem Wege von Bauernkriegen oder durch revolutionäre Verschwörungen zu verwirklichen.

Dem Andenken des »Proletariat«, 1903 (GW 1/2, 337f.)

Der tote Marx ist es immer noch, der dem kämpfenden Proletariat die fruchtbarsten neuen Anregungen und leitenden Gedanken hinwirft, und der tote Marx ist es immer noch, der als ein Lebender unter den Larven der bürgerlichen Sozialwissenschaft mit siegreichem Lächeln wandelt.

Aus dem literarischen Nachlass von Karl Marx, 1905 (GW 1/2, 462)

Der Sozialismus ist ein internationales Bestreben. Er verbindet die französischen und polnischen, die deutschen und spanischen, die russischen und englischen, die italienischen und amerikanischen Arbeiter zu einer gewaltigen allmenschlichen Brudergemeinschaft, indem er sie auf ihre gemeinsame Aufgabe hinweist: die Beseitigung des Kapitalismus.

Was wollen wir?, 1906 (GW 2, 49)

Die Friedensfreunde aus bürgerlichen Kreisen glauben, dass sich Weltfriede und Abrüstung im Rahmen der heutigen Gesellschaftsordnung verwirklichen lassen, wir aber, die wir auf dem Boden der materialistischen Geschichtsauffassung und des wissenschaftlichen Sozialismus stehen, sind der Überzeugung, dass der Militarismus erst mit dem kapitalistischen Klassenstaate zusammen aus der Welt geschafft werden kann.

Friedensutopien, 1911 (GW 2, 492f.)

Als das Ideal einer Gesellschaft, die auf der Gleichheit und Brüderlichkeit der Menschen beruht, ist der Sozialismus Jahrhunderte alt.

Karl Marx, 1913 (GW 3, 178)

Das Wesen der sozialistischen Gesellschaft besteht darin, dass die große arbeitende Masse aufhört, eine regierte Masse zu sein, vielmehr das ganze politische und wirtschaftliche Leben selbst lebt und in bewusster freier Selbstbestimmung lenkt.

Was will der Spartakusbund?, 1918 (GW 4, 442)

Käme es darauf an, dasjenige, was Marx für die heutige Arbeiterklasse getan, in wenigen Worten zu formulieren, so könnte man sagen: Marx hat die moderne Arbeiterklasse als historische Kategorie, d. h. als eine Klasse mit bestimmten geschichtlichen Daseinsbedingungen und Bewegungsgesetzen, sozusagen entdeckt. Vor Marx existierten wohl in den einzelnen kapitalistischen Ländern eine Masse von Lohnarbeitern, die, durch die Gleichartigkeit ihres sozialen Daseins innerhalb der bürgerlichen Gesellschaft zur Solidarität geführt, tastend nach einem Ausweg aus ihrer Lage und teilweise nach einer Brücke ins gelobte Land des Sozialismus suchten. Marx hat sie erst zur *Klasse* erhoben, indem er sie durch die besondere historische Aufgabe verband: durch die Aufgabe der Eroberung der politischen Macht zur sozialistischen Umwälzung.

Karl Marx, 1903 (GW 1/2, 369)

Die völlige und allgemeine Beseitigung der Herrschaft der einen Nation über die anderen wird erst zusammen mit der Beseitigung des Kapitalismus und der Einführung der sozialistischen Ordnung möglich sein, die auf der Solidarität aller Menschen und Nationen und nicht auf dem Kampf und der Ungleichheit zwischen ihnen beruht.

Was wollen wir?, 1906 (GW 2, 55)

Das innerste Wesen, der Kern, der ganze Sinn und Inhalt der imperialistischen Politik der kapitalistischen Staaten ist das fortschreitende und unausgesetzte Zerreißen aller nichtkapitalistischen Länder und Völker in Fetzen, die von dem Kapitalismus nach und nach verschlungen und verdaut werden.

Kleinbürgerliche oder proletarische Weltpolitik, 1911 (GW 3, 28)

Kriege ziehen sich wie ein blutiger Faden durch die ganze Jahrtausende alte Geschichte der Klassengesellschaft. Solange es Privateigentum, Ausbeutung, Reichtum und Armut gibt, sind Kriege unvermeidlich, und jeder Krieg verbreitet um sich Tod und Pesthauch, Vernichtung und Elend.

Trümmer, 1914 (GW 4, 9)

Der Klassenkampf ist – was man in unsern Reihen nur zu oft vergisst – nicht ein Produkt der Sozialdemokratie, umgekehrt: Die Sozialdemokratie ist selbst nur ein Produkt des Klassenkampfes, sein jüngstes Produkt.

Taktische Fragen, 1913 (GW 3, 251f.)

Die von Lassalle ins Leben gerufene deutsche Sozialdemokratie war der erste welthistorische Versuch, eine dauernde Organisation der Masse, der Mehrheit des Volkes für den Klassenkampf zu schaffen. Dank der politischen Tat Lassalles wie dank der Theorie von Marx hat die deutsche Sozialdemokratie die neue Aufgabe glänzend gelöst. Die fünfzig Jahre ihrer Geschichte haben den Beweis erbracht, dass auf dem Boden der proletarischen Klasseninteressen sich wohl ein revolutionäres Endziel mit geduldigem Tageskampf, eine wissenschaftliche Theorie mit nüchternster Praxis, stramme und disziplinierte Organisation mit dem Massencharakter der Bewegung, Einsicht in die historische Notwendigkeit mit bewusstem, tatkräftigem Willen vereinigen lasse.

Lassalles Erbschaft, 1913 (GW 3, 221)

Als Sozialdemokraten sind wir ja und müssen ewige *Schüler* sein, nämlich Schüler, die bei der großen Lehrmeisterin, der *Geschichte*, in die Schule gehen. Namentlich ist für uns als revolutionäre Partei jede Revolution, die wir erleben, eine Fundgrube historischer und politischer Erfahrungen, die unseren geistigen Horizont erweitern, uns für unsere Endziele, unsere eigenen Aufgaben reifer machen sollten. So muss auch die Stellung der deutschen Sozialdemokratie zu den Ereignissen in Russland sich von der Stellung der bürgerlichen Parteien nicht bloß dadurch unterscheiden, dass wir jubeln, wo sie reaktionär geifern oder angstvoll-liberal zwischen Freude und Niedergeschlagenheit hin und her schwanken, sondern vor allem dadurch, dass wir den inneren Sinn der Ereignisse vollkommen erfassen und begreifen, wo sie verständnislos nur das Äußere, den materiellen Zusammenstoß der Kräfte, nur den politischen Druck und die Empörung wahrnehmen.

Die Revolution in Russland, 1904/05 (GW 1/2, 509f.)

Erst der Marxismus hat das richtige Verhältnis zwischen Ökonomie und Politik hergestellt.

An Mathilde Wurm, Breslau, 20. Januar 1918 (GB 5, 361)

Marx glaubte an die russische Revolution und erwartete sie, selbst als er noch das leibeigene Russland vor den Augen hatte. Die Revolution war inzwischen gekommen. Sie hatte nicht auf den ersten Schlag gesiegt, aber sie ist nicht mehr zu bannen, sie steht auf der Tagesordnung, sie richtet sich gerade wieder auf. Da rücken plötzlich deutsche Sozialdemokraten mit »deutschen Gewehrkolben« an und erklären die russische Revolution für null und nichtig, sie streichen sie aus der Geschichte.

Die Krise der Sozialdemokratie, 1916 (GW 4, 120)

Die Geschicke der sozialistischen Einigkeit, die eines der wichtigsten Probleme des Sozialismus darstellt, hängen naturgemäß mit der inneren Entwicklung der Arbeiterbewegung zusammen.
Sobald die Notwendigkeit des politischen Kampfes zu einem der Grundsätze des Sozialismus geworden war, wurde sie zugleich Voraussetzung der Einigkeit unter den Sozialisten und zur Scheidewand zwischen Sozialisten und Anarchisten. Marx selbst, dessen ganze Kraft in der alten Internationale sieben Jahre lang auf das Zusammenhalten der buntscheckigen Elemente des Sozialismus gerichtet war, führte zum Schlusse eine Spaltung mit den Bakunisten herbei

und zeigte damit, dass zur Grundlage der sozialistischen Einigkeit die Gemeinsamkeit des sozialistischen Endziels allein unzureichend, vielmehr auch noch die gleichartige Auffassung vom Kampfe um dieses Endziel erforderlich ist.

Zum französischen Einigungskongress, 1900 (GW 1/2, 92)

Der 22. Januar hat das Wort zum Fleisch werden lassen und das russische Proletariat in selbständiger politischer Revolution vor aller Welt gezeigt. Es ist der *Marxsche* Geist, der auf den Straßen Petersburgs um die russische Freiheit die erste große Schlacht geschlagen hat, und er ist es, der mit der Notwendigkeit eines Naturgesetzes über kurz oder lang den Sieg erfechten wird.

Die Revolution in Russland, 1904/05 (GW 1/2, 484)

Die moderne Arbeiterklasse stellt in der Geschichte der Menschheit die erste ausgebeutete und unterdrückte Klasse dar, die imstande ist, sich selbst und die ganze Menschheit vom Schrecken der Herrschaft einiger Menschen über die anderen Menschen zu befreien.

Was wollen wir?, 1906 (GW 2, 44)

Die Befreiung der Arbeiterklasse kann nur das Werk der Arbeiterklasse selbst sein, sagt das Kommunistische Manifest, und es versteht unter Arbeiterklasse nicht etwa einen sieben- oder auch zwölfköpfigen Parteivorstand, sondern die aufgeklärte *Masse* des Proletariats in eigner Person.

Wieder Masse und Führer, 1911 (GW 3, 38)

Welch tiefen Einblick gewährt dies anscheinend ganz trockene Gesetz der »durchschnittlichen Profitrate« in die feste materielle Grundlage der Klassensolidarität der Kapitalisten, die, obschon im täglichen Treiben feindliche Brüder, doch gegenüber der Arbeiterklasse einen Freimaurerbund bilden, der an ihrer Gesamtausbeutung aufs Höchste und aufs Persönlichste interessiert ist! Ohne dass sich die Kapitalisten natürlich im Geringsten dieser objektiven ökonomischen Gesetze bewusst sind, äußert sich in ihrem untrüglichen Instinkt der herrschenden Klasse ein Sinn für die eigenen Klasseninteressen und deren Gegensatz zum Proletariat, der sich leider durch alle Stürme der Geschichte viel sicherer bewährt als das wissenschaftlich – eben durch die Werke von Marx und Engels – aufgeklärte und begründete Klassenbewusstsein der Arbeiter. [Dies möge] eine Vorstellung davon geben, wie viel ungehobene Schätze an geistiger Anregung und Vertiefung für die aufgeklärte Arbeiterschaft in den beiden letzten Bänden des »Kapitals« noch liegen und einer populären Darstellung harren. Unfertig, wie sie sind, bieten sie unendlich Wertvolleres als jede fertige Wahrheit: Ansporn zum Denken, zur Kritik und zur Selbstkritik, die das ureigenste Element der Lehre ist, die Marx hinterlassen hat.

Der zweite und der dritte Band [des »Kapitals«], 1917 (GW 4, 300f.)

Erhebend, versittlichend, kulturfördernd ist in der modernen Arbeiterbewegung nicht der auf den nackten Lohngewinn, auf die Züchtung von zufriedenen und satten Lohnsklaven gerichtete Sinn, sondern nur der Zusammenhang mit der Befreiungsbewegung der Arbeiter im ganzen, mit des Klassenkampfes großem Endziel, das all das sittliche und geistige Licht ausstrahlt, das den proletarischen Interessenkampf mit der Glorie eines kulturhistorischen Prozesses umgibt.

Der Sklaventanz in Frankfurt, 1903/04 (GW 1/2, 416)

So breitet sich der Kapitalismus dank der Wechselwirkung mit nichtkapitalistischen Gesellschaftskreisen und Ländern immer mehr aus, indem er auf ihre Kosten akkumuliert, aber sie zugleich, Schritt für Schritt, zernagt und verdrängt, um an ihre Stelle selbst zu treten. Je mehr kapitalistische Länder aber an dieser Jagd nach Akkumulationsgebieten teilnehmen und je spärlicher die nichtkapitalistischen Gebiete werden, die der Weltexpansion des Kapitals noch offen stehen, um so erbitterter wird der Konkurrenzkampf des Kapitals um jene Akkumulationsgebiete, um so mehr verwandeln sich seine Streifzüge auf der Weltbühne in eine Kette ökonomischer und politischer Katastrophen.

Die Akkumulation des Kapitals oder Was die Epigonen aus der Marxschen Theorie gemacht haben, 1915 (GW 5, 430)

In der modernen Großstadt, im Mittelpunkt der Regierung eines kapitalistischen Klassenstaats kommen die sozialen und politischen Gegensätze zur höchsten Entfaltung, und das Idyll eines kommunalen Krähwinkels verwandelt sich in die Brutalität des modernen Klassenkampfes in seiner ganzen Nacktheit.

»Praktische Politik«, 1911 (GW 2, 517f.)

Ohne bestimmte politische Voraussetzungen, die den offenen Klassenkampf ermöglichen, das heißt, ohne demokratische Institutionen im Staat, kann sich die Arbeiterklasse nicht auf breiter Basis organisieren und ihr Bewusstsein erhöhen. Und umgekehrt, das Erreichen demokratischer staatlicher Einrichtungen, nämlich ihre Ausdehnung auf die Arbeitermassen, ist von einem bestimmten historischen Moment, von einem bestimmten Grad der Verschärfung der Klassenantagonismen an ohne den aktiven Kampf des bewussten und organisierten Proletariats nicht möglich. Die Lösung dieses scheinbaren Widerspruchs der Aufgaben liegt im dialektischen Prozess des Klassenkampfes des Proletariats, das in seinem Kampf für demokratische Verhältnisse im Staat sich zugleich im Verlauf des Kampfes selbst organisiert und sein Klassenbewusstsein herausbildet; und während das Proletariat auf diese Weise im politischen Kampf Bewusstsein erlangt und sich organisiert, demokratisiert es zugleich den bürgerlichen Staat und macht ihn in dem Maße, wie es selbst heranreift, zum sozialistischen Umsturz reif.

Dem Andenken des »Proletariat«, 1903 (GW 1/2, 318)

Es ist nämlich der Kampf aus der ersten Hälfte des vergangenen Jahrhunderts, der die Einsetzung der bürgerlichen Klassenherrschaft an Stelle der feudalen zum Zwecke hatte, worauf der Hinweis des Kommunistischen Manifests abzielt. Hier galt die Unterstützung des Proletariats einer aufstrebenden Klasse, deren politischer Sieg über die Reaktion eine wirtschaftliche Notwendigkeit war. Heute liegen die Verhältnisse grundverschieden. Die Bourgeoisie hat überall das Ziel ihrer Bestrebungen erreicht, und wir sehen sie heute nicht mehr gegen die Reaktion kämpfen, sondern vielmehr mit den Überresten des Feudalismus zur offiziellen Vertretung der Reaktion vereinigt.

Die sozialistische Krise in Frankreich, 1900/01 (GW 1/2, 63)

In den überseeischen Ländern ist die Unterjochung und Zerstörung der traditionellen Gemeinwesen die erste Tat, der welthistorische Geburtsakt des Kapitals und seitdem ständige Begleiterscheinung der Akkumulation. Durch den Ruin der primitiven, naturalwirtschaftlichen, bäuerlich patriarchalischen Verhältnisse jener Länder öffnet das europäische Kapital dort dem Warenaustausch und der Warenproduktion das Tor, verwandelt ihre Einwohner in

Abnehmer für kapitalistische Waren und beschleunigt zugleich gewaltig die eigene Akkumulation durch direkten massenhaften Raub an Naturschätzen und aufgespeicherten Reichtümern der unterjochten Völker. Seit Anfang des 19. Jahrhunderts geht Hand in Hand mit jenen Methoden die Ausfuhr des akkumulierten Kapitals aus Europa nach den nichtkapitalistischen Ländern der anderen Weltteile, wo es auf neuem Felde, auf den Trümmern einheimischer Produktionsformen, einen neuen Kreis von Abnehmern seiner Waren und damit eine weitere Akkumulationsmöglichkeit findet. So breitet sich der Kapitalismus dank der Wechselwirkung mit nichtkapitalistischen Gesellschaftskreisen und Ländern immer mehr aus, indem er auf ihre Kosten akkumuliert, aber sie zugleich Schritt für Schritt zernagt und verdrängt, um an ihre Stelle selbst zu treten.

Die Akkumulation des Kapitals oder Was die Epigonen aus der Marxschen Theorie gemacht haben, 1915 (GW 5, 429)

Die politische Freiheit hat das Volk vor der sozialen Unterdrückung nicht bewahrt.

Dem Andenken des »Proletariat«, 1903 (GW 1/2, 341)

Aus dem bürgerlichen Parlamentarismus sollten auch die Waffen zur *praktischen* Überwindung der revolutionären Politik des Proletariats entnommen werden, der demokratische Zusammenschluss der Klassen und der soziale Frieden der Reform sollten den Klassenkampf ersetzen.
Und was hat man erreicht? Die Illusion mochte hier und da eine Weile dauern, die Untauglichkeit der bürgerlichen Methoden der Realpolitik für die Arbeiterklasse hat sich sofort erwiesen.

Karl Marx, 1903 (GW 1/2, 374)

Die Gewalt hat nicht nur mit dem Aufkommen der bürgerlichen »Gesetzmäßigkeit«, des Parlamentarismus, nicht aufgehört, eine geschichtliche Rolle zu spielen, sondern sie ist heute genausogut wie in allen früheren Epochen die Basis der bestehenden politischen Ordnung. Der ganze kapitalistische Staat beruht auf der Gewalt, und seine militärische Organisation ist an sich ein genügender, faustdicker Beweis dafür, den zu übersehen ein wahres Kunststück des opportunistischen Doktrinarismus ist.

Und zum dritten Mal das belgische Experiment, 1901/02 (GW 1/2, 241f.)

Freilich bleibt der heutigen Gesellschaftsordnung ein Trost. Während sie sich vergeblich abmüht, um ein Mittel der Überwindung der Marxschen Lehre zu finden, bemerkt sie nicht, dass das einzige wirkliche Mittel hierfür in dieser Lehre selbst verborgen liegt. Durch und durch historisch, beansprucht sie nur eine zeitlich begrenzte Gültigkeit. Durch und durch dialektisch, trägt sie in sich selbst den sicheren Kern ihres Untergangs. [...] Die Marxsche Lehre wird somit in ihrem für diese Gesellschaftsordnung gefährlichsten Teil über kurz oder lang sicher »überwunden« werden. Aber nur zusammen mit der bestehenden Gesellschaftsordnung.

Karl Marx, 1903 (GW 1/2, 376f.)

Eine ernste und große Partei spaltet sich nicht wegen Zeitungsartikeln, auch nicht wegen vereinzelter politischer Seitensprünge. Wenn jedoch der Verrat an sozialistischen Grundsätzen in der Praxis eines Teils der Partei zum System wird, dann wird jede ernste Partei sich sagen wie Marx vor dreißig Jahren in der Internationale: Lieber ein offener Krieg als ein fauler Friede!

Zum französischen Einigungskongress, 1900/01 (GW 1/2, 93)

Der Klassenkampf ist bekanntlich nicht eine Erfindung, nicht eine Schöpfung der Sozialdemokratie, um von ihr beliebig und aus freien Stücken für gewisse Zeitperioden abgestellt werden zu können. Der proletarische Klassenkampf ist älter als die Sozialdemokratie; ein elementares Produkt der Klassengesellschaft, lodert er schon mit dem Einzug des Kapitalismus in Europa auf. Nicht die Sozialdemokratie hat erst das moderne Proletariat zum Klassenkampf angeleitet, sie ist vielmehr selbst von ihm ins Leben gerufen worden, um Zielbewusstsein und Zusammenhang in die verschiedenen örtlichen und zeitlichen Fragmente des Klassenkampfes zu bringen. Was hat sich nun daran mit dem Ausbruch des Krieges geändert? Haben etwa Privateigentum, kapitalistische Ausbeutung, Klassenherrschaft aufgehört?

Die Krise der Sozialdemokratie, 1916 (GW 4, 124)

Die Lenin-Partei war die einzige, die das Gebot und die Pflicht einer wirklich revolutionären Partei begriff, die durch die Losung: Alle Macht in die Hände des Proletariats und des Bauerntums! den Fortgang der Revolution gesichert hat.

Zur russischen Revolution, 1918 (GW 4, 341)

Die russische Revolution hat hier nur bestätigt die Grundlehre jeder großen Revolution, deren Lebensgesetz lautet: Entweder muss sie sehr rasch und entschlossen vorwärtsstürmen, mit eiserner Hand alle Hindernisse niederwerfen und ihre Ziele immer weiter stecken, oder sie wird sehr bald hinter ihren schwächlichen Ausgangspunkt zurückgeworfen und von der Konterrevolution erdrückt. Ein Stillstehen, ein Trippeln auf demselben Fleck, ein Selbstbescheiden mit dem ersten einmal erreichten Ziel gibt es in der Revolution nicht. Und wer diese hausbackenen Weisheiten aus den parlamentarischen Froschmäusekriegen auf die revolutionäre Taktik übertragen will, zeigt nur, dass ihm die Psychologie, das Lebensgesetz selbst der Revolution ebenso fremd wie alle historische Erfahrung, ein Buch mit sieben Siegeln ist.

Zur russischen Revolution, 1918 (GW 4, 339)

Damit haben die Bolschewiki die berühmte Frage nach der »Mehrheit des Volkes« gelöst, die den deutschen Sozialdemokraten seit jeher wie ein Alp auf der Brust liegt. Als eingefleischte Zöglinge des parlamentarischen Kretinismus übertragen sie auf die Revolution einfach die hausbackene Weisheit aus der parlamentarischen Kinderstube: um etwas durchzusetzen, müsse man erst die Mehrheit haben. Also auch in der Revolution: Zuerst werben wir diese eine »Mehrheit«. Die wirkliche Dialektik der Revolutionen stellt aber diese Weisheit auf den Kopf: Nicht durch die Mehrheit zur revolutionären Taktik, sondern durch revolutionäre Taktik zur Mehrheit geht der Weg. Nur eine Partei, die zu führen, d. h. vorwärtszutreiben versteht, erwirbt sich im Sturm die Anhängerschaft.

Zur russischen Revolution, 1918 (GW 4, 341)

Das sozialistische Gesellschaftssystem soll und kann nur ein geschichtliches Produkt sein, geboren aus der eigenen Schule der Erfahrung, in der Stunde der Erfüllung, aus dem Werden der lebendigen Geschichte, die genau wie die organische Natur, deren Teil sie letzten Endes ist, die schöne Gepflogenheit hat, zusammen mit einem wirklichen gesellschaftlichen Bedürfnis stets auch die Mittel zu seiner Befriedigung, mit der Aufgabe zugleich die Lösung hervorzubringen. Ist dem aber so, dann ist es klar, dass der Sozialismus sich seiner *Natur* nach nicht oktroyieren lässt, durch Ukase einführen. Er hat zur Voraussetzung eine Reihe Gewaltmaßnahmen

– gegen Eigentum etc. Das Negative, den Abbau, kann man dekretieren, den Aufbau, das Positive, *nicht*. Neuland. Tausend Probleme. Nur Erfahrung [ist] imstande, zu korrigieren und neue Wege zu eröffnen. Nur ungehemmtes, schäumendes Leben verfällt auf tausend neue Formen, Improvisationen, erhält *schöpferische Kraft*, korrigiert selbst alle Fehlgriffe. Das öffentliche Leben der Staaten mit beschränkter Freiheit ist eben deshalb so dürftig, so armselig, so schematisch, so unfruchtbar, weil es sich durch Ausschließung der Demokratie die lebendigen Quellen allen geistigen Reichtums und Fortschritts absperrt.

Zur russischen Revolution, 1918 (GW 4, 360)

Es ist eine historisch nicht bloß erklärliche, sondern notwendige Illusion des um die Herrschaft kämpfenden und noch mehr des zur Herrschaft gelangten Bürgertums, dass sein Parlament die Zentralachse des sozialen Lebens, die treibende Macht der Weltgeschichte sei. Eine Auffassung deren natürliche Blüte jener famose »parlamentarische Kretinismus« ist, der über dem selbstgefälligen Redegeplätscher von ein paar hundert Abgeordneten in einer bürgerlichen Gesetzgebungskammer die weltgeschichtlichen Riesenkräfte übersieht, die draußen im Schoße der gesellschaftlichen Entwicklung, ganz unbekümmert um die parlamentarische Gesetzmacherei wirksam sind. Es ist aber gerade dieses Spiel der blinden Elementarkräfte der sozialen Entwicklung, an der die bürgerlichen Klassen selber mittun, ohne es zu wissen und zu wollen, das zur unaufhaltsamen Unterwühlung nicht bloß der eingebildeten, sondern jeglicher Bedeutung des bürgerlichen Parlamentarismus führt.

Sozialdemokratie und Parlamentarismus, 1904 (GW 1/2, 448)

Aber auch für die internationale Sozialdemokratie ist die Erhebung des russischen Proletariats ein neues Phänomen, das man sich erst geistig assimilieren muss. Wir sind alle, mögen wir noch so dialektisch denken, in unseren unmittelbaren Bewusstseinszuständen unverbesserliche Metaphysiker, die an der Unwandelbarkeit der Dinge kleben. Und obwohl wir die Partei des sozialen Fortschritts sind, so ist für uns selbst jede gesunde Portion Fortschritt, die unsichtbar vor sich gegangen und nun plötzlich im fertigen Resultat vor uns ersteht, eine Überraschung, an die wir erst hinterdrein unsere Vorstellungen anpassen müssen. In der Vorstellung gar manches Sozialdemokraten Westeuropas lebt der russische Proletarier immer noch als Muschik, der Bauer, mit langem Flachshaar, Fußlappen und stupidem Gesichtsausdruck, der, erst gestern vom Lande gekommen, ein fremder Gast in der modernstädtischen Kulturwelt ist. Man hat gar nicht bemerkt, wie sich die kulturelle und geistige Hebung des russischen Proletariats durch den Kapitalismus und sodann durch die sozialdemokratische Aufklärungsarbeit unter der Bleidecke des Absolutismus vollzogen, wie sich der Muschik von gestern in den intelligenten, wissensdurstigen, idealistischen, kampfbereiten, ehrgeizigen Großstadtproletarier von heute verwandelt hat.

Nach dem ersten Akt, 1904/05 (GW 1/2, 488)

Der »Bürgerkrieg«, den man aus der Revolution mit ängstlicher Sorge zu verbannen sucht, lässt sich nicht verbannen. Denn Bürgerkrieg ist nur ein anderer Name für Klassenkampf, und der Gedanke, den Sozialismus ohne Klassenkampf, durch parlamentarischen Mehrheitsbeschluss einführen zu können, ist eine lächerliche kleinbürgerliche Illusion.

Die Nationalversammlung, 1918 (GW 4, 408.)

Das ganze »Volk«, die ganze »Nation« soll dazu berufen werden, über die weiteren Schicksale der Revolution durch Mehrheitsbeschluss zu entscheiden. Bei den offenen und verkappten Agenten der herrschenden Klassen ist die Parole selbstverständlich. [...] Aber auch unabhängige Führer stellen sich in dieser entscheidenden Frage mit den Wächtern des Kapitals in Reih und Glied. [...] Sie stellen sich den Verlauf der gewaltigsten sozialen Revolution, seit die Menschheit besteht, in der Form vor, dass verschiedene Gesellschaftsklassen zusammenkommen, eine schöne ruhige und »würdige« Diskussion miteinander pflegen, sodann eine Abstimmung [...] veranstalten. Wenn dann die Kapitalistenklasse sieht, dass sie in der Minderheit ist, erklärt sie als wohldisziplinierte parlamentarische Partei mit einem Seufzer: Nichts zu machen! Wir sehen, dass wir überstimmt worden sind. Wohlan, wir fügen uns und übergeben unsere gesamten Ländereien, Fabriken, Bergwerke, alle unsere feuersicheren Kassen und schönen Profite den Arbeitern.

Wahrhaftig, das Geschlecht der Lamartine, Garnier, Pagès, Ledru-Rollin, der kleinbürgerlichen Illusionisten und Schwätzer von Anno 1848 ist

nicht ausgestorben; es steht – ohne Glanz und Talent und Reiz der Neuheit – in langweilig-pedantisch-gelehrter deutscher Ausgabe in den Kautsky, Hilferding, Haase wieder auf. Diese tiefgründigen Marxisten haben das Abc des Sozialismus vergessen. Sie haben vergessen, dass die Bourgeoisie nicht eine parlamentarische Partei, sondern eine herrschende Klasse ist, die sich im Besitze sämtlicher ökonomischer und sozialer Machtmittel befindet.
Diese Herren Junker und Kapitalisten sind nur so lange ruhig, wie die revolutionäre Regierung sich damit begnügt, kleine Schönheitspflästerchen auf das kapitalistische Lohnverhältnis zu kleben. Sie sind nur brav, solange die Revolution brav ist [...]. Geht es dem Profit an den Kragen, wird das Privateigentum ans Messer geliefert, dann hört die Gemütlichkeit auf. [...] Wenn die Bourgeoisie ins Herz getroffen wird – und ihr Herz schlägt im Kassenschrank –, wird sie auf Tod und Leben um ihre Herrschaft ringen, tausend offene und versteckte Widerstände gegen die sozialistischen Maßnahmen auftürmen.

Die Nationalversammlung, 1918 (GW 4, 407f.)

Es wäre das Verhängnisvollste für die Zukunft des Sozialismus, wenn sich die Arbeiterparteien verschiedener Länder entschließen würden, die bürgerliche Theorie und Praxis völlig anzunehmen, wonach es als natürlich und unvermeidlich gelten soll, dass sich die Proletarier verschiedener Nationen im Kriege auf Kommando ihrer herrschenden Klassen gegenseitig die Gurgel abschneiden, nach dem Krieg aber miteinander wieder brüderliche Umarmungen austauschen, wie wenn nichts geschehen wäre. Eine Internationale, die so bewusst ihren heutigen Verfall als normale Praxis für die Zukunft anerkennen und dennoch behaupten würde, dass sie existiert, wäre nur ein empörendes Zerrbild des Sozialismus, ein Produkt der Heuchelei, ganz wie die Diplomatie der bürgerlichen Staaten, ihre Allianzen und ihre Völkerrechtsverträge.

Für die internationale Solidarität!, 1914 (GW 4, 18)

Es gibt ein internationales Bündnis, das sich als einzige Gewähr für den Frieden herausgestellt hat. Das einzige Bündnis, auf das zu rechnen ist, das ist das Bündnis aller revolutionären Proletarier dieser Welt!

Die weltpolitische Lage, 1913 (GW 3, 216)

Wir sind wieder bei Marx, unter seinem Banner. Wenn wir heute in unserem Programm erklären: Die unmittelbare Aufgabe des Proletariats ist keine andere, als – in wenigen Worten zusammengefasst – den Sozialismus zur Wahrheit und Tat zu machen und den Kapitalismus mit Stumpf und Stiel auszurotten, so stellen wir uns auf den Boden, auf dem Marx und Engels 1848 standen und von dem sie prinzipiell nie abgewichen waren. Jetzt zeigt sich, was wahrer Marxismus ist und was dieser Ersatz-Marxismus war, der sich als offizieller Marxismus in der deutschen Sozialdemokratie so lange breitmachte.

Gründungsparteitag der KPD 1918/1919 (GW 4, 494)

DIE PROPAGANDISTIN – LEHRERIN UND REDNERIN

Handeln! Handeln! Mutig, entschlossen, konsequent – das ist die verdammte Pflicht und Schuldigkeit der revolutionären Obleute und der ehrlich sozialistischen Parteiführer. Die Gegenrevolution entwaffnen, die Massen bewaffnen, alle Machtpositionen besetzen. *Rasch* handeln! Die Revolution verpflichtet. Ihre Stunden zählen in der Weltgeschichte für Monate und ihre Tage für Jahre. Mögen sich die Organe der Revolution ihrer hohen Pflicht bewusst sein!

Was machen die Führer?, 1919 (GW 4, 518)

Die Völker sollen und können ohne Unterschied der Rasse und Farbe zusammen in Frieden leben. Nur dann kann man von Kultur reden, wenn Bande der Solidarität die Völker umschlingen. Solange die Ausbeutung des Menschen durch den Menschen nicht abgeschafft ist, ist diese Solidarität nicht möglich.

Dem Weltkrieg entgegen, 1911 (GW 3, 62)

Die beste und einzige Methode, die Energie und den revolutionären Glauben in den Reihen der Kämpfenden aufrechtzuerhalten, ist, ihnen wieder die geschichtlichen Notwendigkeiten bewusst zu machen, die logische Entwicklung und die bisherigen Siege der Revolution. Wie Lassalle sagte, ist und bleibt die revolutionärste Tat, immer »das laut zu sagen, was ist«.

Rosa Luxemburg: In revolutionärer Stunde: Was weiter?, 1906 (GW 2, 36)

Bis jetzt haben wir das Vertrauen von Millionen nicht durch Trinkgelder und winzige Konzessiönchen erhalten, sondern durch unsere rücksichtslose Kritik alles Bestehenden und durch unser soziales Zukunftsideal.

Rede auf dem Parteitag der Sozialdemokratie 1908 in Nürnberg (GW 2, 262)

Revolutionen kennen keine Halbheiten, keine Kompromisse, kein Schleichen und Sichducken. Revolutionen brauchen offene Visiere, klare Prinzipien, entschlossene Herzen, ganze Männer.

Die Reichskonferenz des Spartakusbundes, 1918 (GW 4, 480)

Es gibt keinen größeren Feind der Arbeiterklasse in ihrem Kampf, als ihre eigenen Illusionen.

Rede auf dem Parteitag der SPD 1899 in Hannover (GW 1/1, 569)

In jedem Moment das Maximum an Aktionsfähigkeit der Massen auszulösen ist direkte Pflicht einer Kampfpartei wie der unseren. Und wenn die Initiative dazu vom Zentrum aus mangelt, dann muss in einer echten demokratischen Partei wie der unseren die Initiative von unten auf, aus der Provinz, nachhelfen.

Nochmals der preußische Wahlrechtskampf, 1914 (GW 3, 458)

Seit wann werden große geschichtliche Bewegungen, große Volksbewegungen auf dem Wege heimlicher Abmachungen in geschlossenem Zimmer abgewickelt?

Rede auf den Parteitag der SPD 1906 in Mannheim (GW 2, 172)

Die Ethik des Sozialismus besteht darin, die jetzige Herrschaft der Minderheit durch die Herrschaft der Mehrheit zu brechen.

Diskussionsbeitrag in der Protestversammlung in Freiburg i. Br., 1914 (GW 3, 425)

Wir haben die Massen gelehrt, die Errungenschaften, die wir für den bestehenden Staat erzielen können, nicht an dem Elend von Anno dazumal zu messen, sondern an dem, was den Massen noch vorenthalten ist, mit einem Wort an dem Endziel.

Parteitag der Sozialdemokratie 1908 in Nürnberg (GW 2, 262)

Noch nie, seit es eine Geschichte der Klassenkämpfe, seit es politische Parteien gibt, hat es eine Partei gegeben, die in dieser Weise, nach fünfzigjährigem unaufhörlichem Wachstum, nachdem sie eine Machtstellung ersten Ranges erobert, nachdem sie Millionen um sich geschart hatte, sich binnen vierundzwanzig Stunden so gänzlich als politischer Faktor in blauen Dunst aufgelöst hatte wie die deutsche Sozialdemokratie.

Der Wiederaufbau der Internationale, 1915 (GW 4, 21)

An einem Mangel des Zauderns, an jugendlichem Übermut und Überstürzung haben wir in unserer Parteileitung, soviel ich weiß, noch nicht viel gelitten.

Ermattung oder Kampf?, 1909/10 (2, 376f.)

Der Parteivorstand ist nichts als ein Organ der Bourgeoisie im Rahmen der Sozialdemokratie.

Gegen den »Vorwärts«-Raub, 1916 (GW 4, 198)

Nicht durch die systematische Propaganda des Generalstreiks als einer wundertätigen Spezies des proletarischen Klassenkampfes für sich und andererseits auch nicht durch den bloßen bienenartigen Ausbau der gewerkschaftlichen Zellen ins Unendliche, sondern durch die Aufklärung und Aufrüttelung der Masse im Sinne der revolutionären Einsicht, dass sie in allen wichtigeren politischen und sozialen Lebensfragen und Entscheidungen nur auf sich selbst, auf die eigene direkte Aktion angewiesen ist, bereiten wir von selbst den Boden für jene Momente vor, wo die Arbeiterklasse um wirklicher Lebensinteressen willen bereit sein wird, nicht bloß »alle Räder stillstehen« zu lassen, sondern nötigenfalls auch ihr Blut im Straßenkampfe zu verspritzen. Den Eintritt eines solchen Moments herauszufühlen, ihm durch eine kühne Initiative Ausdruck zu geben und die Arbeiterklasse über den Generalstreik tatkräftig und entschlossen zu allen Konsequenzen des Kampfes zu führen und nicht etwa durch strategische Rückzugskünste auf halbem Wege aufzuhalten, das ist dann die eigentliche und große Aufgabe der bewussten Aktion der Sozialdemokratie.

Eine Probe aufs Exempel, 1905 (GW 1/2, 531f.)

Wir sind der Auffassung, dass Kriege nur dann und nur so lange geführt werden können, als die arbeitende Volksmasse sie entweder begeistert mitmacht, weil sie sie für eine gerechte und notwendige Sache hält, oder wenigstens duldend erträgt. Wenn hingegen die große Mehrheit des werktätigen Volkes zu der Überzeugung gelangt – und in ihr diese Überzeugung, dieses Bewusstsein zu wecken ist gerade die Aufgabe, die wir Sozialdemokraten uns stellen –, wenn, sage ich, die Mehrheit des Volkes zu der Überzeugung gelangt, dass Kriege eine barbarische, tief unsittliche, reaktionäre und volksfeindliche Erscheinung sind, dann sind die Kriege unmöglich geworden – und mag zunächst der Soldat noch den Befehlen der Obrigkeit Gehorsam leisten!

Verteidigungsrede am 20. Februar 1914 vor der Frankfurter Strafkammer (GW 3, 400)

Die Arbeiterklasse soll nicht danach streben, neue bürgerliche Staaten und Regierungen aufzubauen, sondern danach, diese abzuschaffen, vor allem aber danach, die politischen Freiheiten in den Staaten, in denen sie leben, möglichst auszubauen.

Was wollen wir?, 1906 (GW 2, 51)

Endlich erscheint auf der Bildfläche als ein noch legitimeres Kind des Geschichtsprozesses – die russische Arbeiterbewegung, die den schönsten Anlauf nimmt, zum erstenmal in der russischen Geschichte nun wirklich einmal einen Volkswillen zu schaffen. Jetzt aber stellt sich das »Ich« des russischen Revolutionärs schleunigst auf den Kopf und erklärt sich wieder einmal für einen allmächtigen Lenker der Geschichte – diesmal in der höchsteigenen Majestät eines Zentralkomitees der sozialdemokratischen Arbeiterbewegung. Der kühne Akrobat übersieht dabei, dass das einzige Subjekt, dem jetzt diese Rolle des Lenkers zugefallen, das *Massen-Ich* der Arbeiterklasse ist, das sich partout darauf versteift, eigene Fehler machen und selbst historische Dialektik lernen zu dürfen. Und schließlich sagen wir doch unter uns offen heraus: Fehltritte, die eine wirklich revolutionäre Arbeiterbewegung begeht, sind geschichtlich unermesslich fruchtbarer und wertvoller als die Unfehlbarkeit des allerbesten »Zentralkomitees«.

Organisationsfragen der russischen Sozialdemokratie, 1903/04 (GW 1/2, 444)

Die russische Revolution wurde zu einem gewaltigen sozialen Kampf aller Ausgebeuteten gegen alle Ausbeuter, sie zeigte eine Machtentfaltung des Proletariats, wie sie die Welt noch nie gesehen hat.

Die Lehren der letzten Reichstagswahl, 1907 (GW 2, 194)

Der Parteivorstand ist nichts anderes als unser Beauftragter, er handelt für uns in unserem Namen, und wenn wir ihm sagen, er hat nicht das Richtige getan, dann steht ihm nicht zu zu sagen: Das ist unsere diskrete Angelegenheit, mischt euch nicht ein.

Rede auf dem Parteitag der SPD 1911 in Jena (GW 3, 51)

In Zeiten der revolutionären Krise gehören die Massen selbstverständlich auf die Straße. Sie sind der einzige Hort, die einzige Sicherheit der Revolution.

Versäumte Pflichten, 1919 (GW 4, 523)

Wir wissen, solange der Kapitalismus existiert, solange wir das Heft nicht in unsern Händen halten, kann von Abrüstung keine Rede sein.

Die politische Lage und die Sozialdemokratie, 1911 (GW 3, 76)

Wenn wir aber diese Formen der Anwendung der Marxschen Lehre sehen, wenn wir diese Unbeständigkeit und diese Schwankungen in der Taktik sehen, wenn wir dieses wehmütige Jammern über die konstitutionell-parlamentarischen Bedingungen und über die Siege des Liberalismus, dieses verzweifelte Suchen nach »Ansatzpunkten« für den Klassenkampf inmitten des grandiosen Aufschwungs der Revolution, dieses Pendeln von einer Seite zur anderen auf der Suche nach künstlichen Mitteln, wie den Arbeiterkongressen, um »in den Massen unterzutauchen«, auf der Suche nach künstlichen Losungen, um die »Revolution auszulösen«, wenn sie zeitweilig abgeflaut ist, und dieses Unvermögen, sie auszunutzen und entschlossen auf der Höhe zu sein, wenn sie von neuem aufschäumt – wenn man das alles sieht, dann möchte man unwillkürlich ausrufen: In welchen Wirrwarr habt Ihr, Genossen, die Marxsche Lehre verwandelt, die sich sehr wohl durch Biegsamkeit, aber auch durch Schärfe auszeichnet, die todbringend ist wie eine Damaszener Klinge.

In was für ein besorgtes Gackern einer Henne, die auf dem Dunghaufen des bürgerlichen Parlamentarismus eine Perle sucht, habt Ihr diese Lehre verwandelt, die die großen Adlerschwingen des Proletariats darstellt! Der Marxismus enthält doch zwei wesentliche Elemente: das Element der Analyse, der Kritik, und das Element des tätigen Willens der Arbeiterklasse als den revolutionären Faktor. Und wer nur die Analyse, nur die Kritik in die Tat umsetzt, vertritt nicht den Marxismus, sondern eine erbärmliche, verfaulende Parodie dieser Lehre.

Rede auf dem Parteitag der Sozialdemokratischen Arbeiterpartei Russlands 1907 in London (GW 2, 223f.)

Der deutsche Despotismus hat wahrhaftig ein Schweineglück in der Geschichte. Es ist noch immer so wie zu Friedrichs des Großen Zeiten, als er seinen »Antimachiavell« schrieb. In Deutschland braucht der Despotismus eben keinen Machiavelli, keine List und keine Schlauheit, um zu herrschen. Mit solcher »Opposition« ist Regieren keine Kunst, hier darf die Reaktion in ihrer waldursprünglichen Nacktheit auftreten. Erst hat sie mit der feigsten Bourgeoisie, jetzt mit der niederträchtigsten Sozialdemokratie zu tun.

Scheidemann, apporte!, 1917 (GW 4, 253)

Große revolutionäre Ereignisse haben die Eigentümlichkeit, dass sie, sosehr sie im Großen und Ganzen vorausgesehen, erwartet worden sein mögen, doch stets, sobald sie da sind, in ihrer Kompliziertheit, in ihrer konkreten Gestalt als eine Sphinx, ein Problem vor uns stehen, das in jeder Faser begriffen, ergründet, gelernt werden will.

Die Revolution in Russland, 1905 (GW 1/2, 478)

Wie kann irgendeine Massenaktion der modernen Arbeiterklasse, sei es auch nur eine Reihe größerer Straßendemonstrationen, ein Massenstreik auf Erfolg rechnen, da wir doch auf die starre Wand des Militarismus, auf die stahlblinkenden Bajonette stoßen, gegen die wir, das wehrlose Proletariat, ganz ohnmächtig sind? So pflegen uns diejenigen zuzurufen, die sich eine Massenaktion der Proletarier nicht anders als in dem starren Milieu, in der klaren Atmosphäre des ruhigen parlamentarischen Alltags vorstellen können. Sie vergessen immer und immer wieder, dass eine ernste Massenaktion des Proletariats selbst nicht anders als in einer revolutionären Situation stattfinden kann, in einer Situation, die bereits die ganze Volksmasse, das ganze Land in Gärung gebracht hat. Ist dem aber so, dann erscheint auch die »Wand der Bajonette« unter einem ganz anderen Gesichtswinkel, denn in den revolutionären Momenten, wo die Sache des kämpfenden Proletariats zur Sache des gesamten arbeitenden Volkes, zur Sache aller Ausgebeuteten und Unterdrückten wird, da erwacht auch im Soldaten der Bürger, der Sohn des Volkes, der Proletarier. Diejenigen, die das heutige Militär als eine unwandelbare feindliche Macht der Revolution des Volkes *entgegenstellen,* vergessen, dass die Revolution das Militär selbst in den Strudel zieht, sie vergessen hinter dem äußeren Kampflärm der Revolution ihre gewaltigste, sozial und historisch wichtigste Seite: *das politische Erziehungswerk der Revolution.* Und dieses vollzieht sich nicht bloß an der Masse des Proletariats, an breiten Schichten des Bauerntums, des Kleinbürgertums, sondern auch an dem in den »Rock des Königs« gesteckten Teil der Volksarmee.

Die Lösung der Frage, 1905 (GW 1/2, 621)

Dass es die herrschenden Klassen sind, die allzumal zu Katastrophen treiben, dafür ist Deutschland heute ein klassisches Beispiel.

Die künftige Revanche, 1914 (GW 3, 379)

Die Kriege, die die heutigen Staaten untereinander führen, braucht die Arbeiterklasse nicht, sie dienen den Kapitalisten. Die Arbeiterklasse hat keinerlei Nutzen davon, wenn der Staat neue Gebiete erobert, fremde Länder und Völker unterjocht, um sie zu berauben und zu unterdrücken. Einen Nutzen daraus ziehen nur die Kapitalisten, die neue Märkte gewinnen, wo sie die von den Arbeitern erpresste Fronarbeit absetzen und in Gold ummünzen können.

Was wollen wir?, 1906 (GW 2, 72)

Die russische Revolution ist für das deutsche Proletariat ein großer Lehrmeister.

Die russische Revolution, 1906 (GW 2, 181)

Nach dem mehrjährigen Dienst vergisst der Soldat, dass er ein Kind des Volkes ist, hört er überhaupt auf, darüber nachzudenken, was er tut, und ist bereit, auf den Befehl der Offiziere den eigenen Vater und die eigene Mutter zu ermorden. So haben die herrschenden Klassen und Regierungen im Militarismus eine Mordwaffe gegen die bewussten Arbeiter und aufrührerischen Bauern.

Was wollen wir?, 1906 (GW 2, 73)

Der Militarismus und der auf ihm aufgebaute heutige Staat sind eben durch und durch morsch.

Über Militarismus und Arbeiterklasse, 1914 (GW 3, 445)

Die Arbeiterklasse strebt nach der politischen Macht nicht deshalb, um eine neue Form der Herrschaft und Unterdrückung hervorzubringen, sondern um ein für allemal jede Unterdrückung und Herrschaft abzuschaffen.

Was wollen wir?, 1906 (GW 2, 48)

Von dieser kapitalistischen Gesellschaft irgendwelche Friedenstendenzen zu erhoffen und im Ernst auf sie bauen wäre für das Proletariat die törichste Selbsttäuschung, der es anheimfallen könnte.

Marokko, 1911 (GW 3, 22f.)

Es ist freilich Tatsache, dass die Sozialdemokratie, um praktisch zu wirken, alle erreichbaren Positionen im gegenwärtigen Staate einnehmen, überall vordringen muss. Allein als Voraussetzung gilt dabei, dass es Positionen sind, *auf denen man den Klassenkampf,* den Kampf mit der Bourgeoisie und ihrem Staate *führen kann.*

Eine taktische Frage, 1902 (GW 1/1, 484)

Unsere Forderungen sollen die Richtung angeben, in der sich unsere Wünsche und die Interessen des Proletariats bewegen. Sich aber Illusionen hingeben, dass mit Rechtsformeln gegen Machtinteressen des Kapitalismus etwas auszurichten wäre, ist die schädlichste Politik, die das Proletariat treiben kann.

Die neue Armee, 1911 (GW 2, 529)

In Deutschland wurde der proletarische Kampf von Anfang an konsequent und entschlossen nicht gegen diese oder jene Formen und Auswüchse des Klassenstaates im einzelnen, sondern gegen den Klassenstaat als solchen gerichtet, er zersplitterte nicht im Antimilitarismus, Antimonarchismus und anderen kleinbürgerlichen »ismen«, sondern gestaltete sich stets zum Antikapitalismus, zum Todfeind der bestehenden Ordnung in allen ihren Auswüchsen und Formen, ob unter monarchischem oder republikanischem Deckmantel.

Zeit der Aussaat, 1910 (GW 2, 302)

Wir leben in einer Zeit, wo auf dem Boden des Parlaments keine Vorteile für das Proletariat mehr errungen werden können.

Der politische Massenstreik, 1913 (GW 3, 263f.)

… aber wir sehen doch an der Geschichte, dass alle Revolutionen mit dem Blut des Volkes erkauft sind. Der ganze Unterschied ist, dass bis jetzt das Blut des Volkes für die herrschende Klasse verspritzt wurde, und jetzt, wo von der Möglichkeit gesprochen wird, ihr Blut für die eigene Klasse zu lassen, da kommen vorsichtige sogenannte Sozialdemokraten und sagen, nein, dies Blut ist uns zu teuer.

Parteitag der Sozialdemokratie 1905 in Jena (GW 1/2, 602)

Es stellt sich heraus, dass ein Minister in der heutigen Regierung nicht bloß an die bürgerliche Gesellschaftsordnung im Allgemeinen, sondern an die jeweiligen herrschenden Gruppen- und Koterieninteressen gebunden, dass er nicht bloß Knecht der bürgerlichen Entwicklung, sondern auch Knecht der bürgerlichen Reaktion ist.

Die sozialistische Krise in Frankreich, 1900/01 (GW 1/2, 61f.)

Ist die Aussicht auf einen Posten vorhanden, dann selbstverständlich zupacken, ohne jede Begründung als die alte Litanei: ehemals hatte die Partei in ihrer Verblendung verschiedenes »negiert«, folglich muss sie heute zu allem ja und Amen sagen.

»Praktische Politik«, 1911 (GW 2, 523)

Der wirtschaftliche Kampf ist die erste elementare Regung des geschundenen Lohnproletariats unter allen Zonen, er läutet in allen Ländern das Erwachen des Proletariats zum Menschendasein, zur historischen Mission, zum Klassenbewusstsein ein.

Um das Koalitionsrecht, 1914 (GW 3, 374)

Die Frauen der besitzenden Klassen werden stets fanatische Verteidigerinnen der Ausbeutung und Knechtung des arbeitenden Volkes bleiben, von der sie aus zweiter Hand die Mittel für ihr gesellschaftlich unnützes Dasein empfangen.

Frauenwahlrecht und Klassenkampf, 1912 (GW 3, 163)

Als bürgerliche Frau ist das Weib ein Parasit der Gesellschaft, ihre Funktion besteht nur im Mitverzehren der Früchte der Ausbeutung; als Kleinbürgerin ist sie ein Lasttier der Familie. In der modernen Proletarierin wird das Weib erst zum Menschen, denn der Kampf macht erst den Menschen, der Anteil an der Kulturarbeit, an der Geschichte der Menschheit.

Die Proletarierin, 1914 (GW 3, 410f.)

Es ist klar, dass man, wenn man den Achtstundentag will, nicht den Zehnstundentag fordern muss, sondern umgekehrt wird ein Schuh daraus: Wenn überhaupt Aussicht vorliegt, dass wir die gesetzliche Beschränkung der Arbeitszeit auf zehn Stunden erreichen können, so nur in dem Falle, dass wir unausgesetzt unsere Forderung des Achtstundentages mit allem Nachdruck vertreten. Die ganze bisherige Erfahrung hat gezeigt, dass nur, indem wir von der bürgerlichen Gesellschaft alles forderten, was sie zu gewähren imstande ist, es uns hier und da gelungen ist, ein Weniges zu erreichen. Und es ist erst ein neuer Grundsatz der sogenannten »praktischen Politik« in unserer Partei, dass man umgekehrt hofft, durch Bescheidenheit und Mäßigung im Fordern Großartiges zu erreichen.

Der Achtstundentag auf dem Parteitag, 1902 (GW 1/2, 288)

Der Kampf selbst ist ein Sieg der Arbeitersache, weil er eine Offenbarung des Klassenbewusstseins, der Solidarität und der Macht der Arbeiter ist, eine Mahnung zum Kampfe und eine Verheißung künftigen endgültigen Sieges für das gesamte internationale Proletariat.

Märzenstürme, 1912 (GW 3, 151)

Nur wer einen Stillstand in der Weltpolitik erhofft – und diese ist das höchste und letzte Stadium der kapitalistischen Entwicklung –, kann einen Stillstand in den Fortschritten des Militarismus für wahrscheinlich halten. Die Weltpolitik und der ihr dienende Militarismus zu Lande und zu Wasser, in Kriegs- und Friedenszeiten, ist doch nichts andres als die spezifisch kapitalistische Methode, internationale Gegensätze zugleich zu entwickeln und zum Austrag zu bringen.

Friedensutopien, 1911 (GW 2, 495)

Die Sozialdemokratie hat – dank ihren Führern – nicht eine falsche Politik, sondern überhaupt gar keine eingeschlagen, sie hat sich als besondere Klassenpartei mit eigener Weltanschauung völlig ausgeschaltet, hat das Land kritiklos dem furchtbaren Verhängnis des imperialistischen Krieges nach außen und der Säbeldiktatur im Innern preisgegeben und obendrein die Verantwortung für den Krieg auf sich geladen.

Die Krise der Sozialdemokratie, 1916 (GW 4, 147f.)

Die Fehler der Führer gutzumachen, dazu ist die Masse der Parteigenossen berufen.

Unser Wahlsieg und seine Lehren, 1912 (GW 3, 133)

Das einzige wirksame Mittel, um die Verbrechen des Krieges und der Kolonialpolitik zu bekämpfen, ist die geistige Reife und der entschlossene Wille der Arbeiterklasse, einen durch ruchlose Kapitalsinteressen angezettelten Weltkrieg in eine Rebellion der Ausgebeuteten und Beherrschten zur Verwirklichung des Weltfriedens und der sozialistischen Völkerverbrüderung zu verwandeln.

Marokko, 1911 (GW 3, 25)

Die Masse, die wie ein Kind erzogen werden muss, der man nicht alles sagen, die man sogar zu ihrem Besten belügen und betrügen darf, und die »Führer«, die als tiefblickende Staatsmänner aus diesem weichen Ton den Tempel der Zukunft nach eigenen großen Plänen formen, das ist die politische Ethik sowohl der bürgerlichen Parteien wie des revisionistischen Sozialismus, wenn auch die dabei verfolgten Absichten hier und dort noch so verschieden sein mögen.

Geknickte Hoffnungen, 1903/04 (GW 1/2, 399)

Die Arbeiterklasse in allen Ländern lernt erst im Verlaufe ihres Kampfes kämpfen.

In revolutionärer Stunde: Was weiter?, 1905 (GW 1/2, 554)

Ohne allgemeine Wahlen, ungehemmte Presse- und Versammlungsfreiheit, freien Meinungskampf erstirbt das Leben in jeder öffentlichen Institution, wird zum Scheinleben, in der die Bürokratie allein das tätige Element bleibt. Das öffentliche Leben schläft allmählich ein, einige Dutzend Parteiführer von unerschöpflicher Energie und grenzenlosem Idealismus dirigieren und regieren, unter ihnen leitet in Wirklichkeit ein Dutzend hervorragender Köpfe, und eine Elite der Arbeiterschaft wird von Zeit zu Zeit zu Versammlungen aufgeboten, um den Reden der Führer Beifall zu klatschen, vorgelegten Resolutionen einstimmig zuzustimmen, im Grunde also eine Cliquenwirtschaft – eine Diktatur allerdings, aber nicht die Diktatur des Proletariats, sondern die Diktatur einer Handvoll Politiker, d. h. Diktatur im rein bürgerlichen Sinne.

Zur russischen Revolution, 1918 (GW 4, 362)

Sie, die russischen Proletarier, sind heute die einzigen, die wirklich die Sache der Freiheit, des Fortschritts und der Demokratie zu verteidigen haben. Und diese Dinge müssen heute gesichert werden, nicht bloß gegen die Schikanen, den Druck und den Kriegsfuror der Ententebourgeoisie, sondern morgen vor allem

– gegen die »Fäuste« der deutschen »Befreier«. Ein halbabsolutistischer Polizei- und Militärstaat ist keine gute Nachbarschaft für eine junge, von inneren Kämpfen geschüttelte Republik und eine im Kadavergehorsam erprobte imperialistische Soldateska keine gute Nachbarschaft für ein revolutionäres Proletariat, das zu den kühnsten Klassenkämpfen von unübersehbarer Tragweite und Dauer ausholt.

Der alte Maulwurf, 1917 (GW 4, 262)

Die ganze revolutionäre Ehre und Aktionsfähigkeit, die der Sozialdemokratie im Westen gebrach, war in den Bolschewiki vertreten. Ihr Oktoberaufstand war nicht nur eine tatsächliche Rettung für die russische Revolution, sondern auch eine Ehrenrettung des internationalen Sozialismus.

Zur russischen Revolution, 1918 (GW 4, 341)

Während der »innere Feind« der Arbeiterklasse, die kapitalistische Ausbeutung und Unterdrückung, geblieben ist, haben die Führer der Arbeiterklasse, Sozialdemokratie und Gewerkschaften, in patriotischer Großmut die Arbeiterklasse diesem Feinde für die Dauer des Krieges kampflos ausgeliefert.

Die Krise der Sozialdemokratie, 1916 (GW 4, 124)

Das Proletariat kann, wenn es die Macht ergreift, nimmermehr nach dem guten Rat Kautskys unter dem Vorwand der »Unreife des Landes« auf die sozialistische Umwälzung verzichten und sich nur der Demokratie widmen, ohne an sich selbst, an der Internationale, an der Revolution Verrat zu üben. Es soll und muss eben sofort sozialistische Maßnahmen in energischster, unnachgiebigster, rücksichtslosester Weise in Angriff nehmen, also Diktatur ausüben, aber Diktatur der Klasse, nicht einer Partei oder einer Clique, Diktatur der Klasse, d. h. in breitester Öffentlichkeit, unter tätigster ungehemmter Teilnahme der Volksmassen, in unbeschränkter Demokratie. [...] Wir unterschieden stets den sozialen Kern von der politischen Form der bürgerlichen Demokratie, wir enthüllten stets den herben Kern der sozialen Ungleichheit und Unfreiheit unter der süßen Schale der formalen Gleichheit und Freiheit – nicht um diese zu verwerfen, sondern um die Arbeiterklasse dazu anzustacheln, sich nicht mit der Schale zu begnügen, vielmehr die politische Macht zu erobern, um sie mit neuem sozialem Inhalt zu füllen. Es ist die historische Aufgabe des Proletariats, wenn es zur Macht gelangt, anstelle der bürgerlichen Demokratie sozialistische Demokratie zu schaffen, nicht jegliche Demokratie abzuschaffen.

Sozialistische Demokratie beginnt aber nicht erst im gelobten Lande, wenn der Unterbau der sozialistischen Wirtschaft geschaffen ist, als fertiges Weihnachtsgeschenk für das brave Volk, das inzwischen treu die Handvoll sozialistischer Diktatoren unterstützt hat. Sozialistische Demokratie beginnt zugleich mit dem Abbau der Klassenherrschaft und dem Aufbau des Sozialismus. Sie beginnt mit dem Moment der Machteroberung durch die sozialistische Partei. Sie ist nichts anderes als Diktatur des Proletariats.

Jawohl: Diktatur! Aber diese Diktatur besteht in der Art der Verwendung der Demokratie, nicht in ihrer Abschaffung, in energischen, entschlossenen Eingriffen in die wohlerworbenen Rechte und wirtschaftlichen Verhältnisse der bürgerlichen Gesellschaft, ohne welche sich die sozialistische Umwälzung nicht verwirklichen lässt. Aber diese Diktatur muss das Werk der Klasse und nicht einer kleinen, führenden Minderheit im Namen der Klasse sein, d. h., sie muss auf Schritt und Tritt aus der aktiven Teilnahme der Massen hervorgehen, unter ihrer unmittelbaren Beeinflussung stehen, der Kontrolle der gesamten Öffentlichkeit unterstehen, aus der wachsenden politischen Schulung der Volksmassen hervorgehen.

Zur russischen Revolution, 1918 (GW 4, 362ff.)

Es ist kein Wunder, dass in der heutigen Gesellschaftsordnung es als Verbrechen gebrandmarkt wird, wenn man gegen den Menschenmord, gegen den Völkermord predigt. Wenn Sie sich die Gesellschaftsordnung näher betrachten, in der wir leben, so müssen Sie sich selbst sagen, diese Gesellschaftsordnung beruht ja auf dem organisierten Mord, und es heißt ihr die Lebensbasis entziehen, wenn man gegen den Mord die besten und edelsten Geister der Menschheit aufruft.

Diskussionsbeitrag in der Protestversammlung in Freiburg i. Br. 1914, (GW 3, 415)

Nicht wir, sondern die Massen sind berufen zu entscheiden, wann die Zeit reif ist, und unsere Pflicht ist es, ihnen die geistigen Waffen zu geben, die klare Einsicht in die Tragweite des Kampfes, in die Größe der Aufgaben und die damit verbundenen Opfer. Denn hier, wie in jedem anderen politischen Kampfe, heißt es: Bereit sein ist alles.

Parteitag der Sozialdemokratie 1910 in Magdeburg (GW 2, 462)

In dem heutigen Krieg kann das klassenbewusste Proletariat mit keinem militärischen Lager seine Sache identifizieren.

Die Krise der Sozialdemokratie, 1916 (GW 4, 158)

Die Abschaffung der Kapitalsherrschaft, die Verwirklichung der sozialistischen Gesellschaftsordnung – dies und nichts Geringeres ist das geschichtliche Thema der gegenwärtigen Revolution. Ein gewaltiges Werk, das nicht im Handumdrehen durch ein paar Dekrete von oben herab vollbracht, das nur durch die eigene bewusste Aktion der Masse der Arbeitenden in Stadt und Land ins Leben gerufen, das nur durch höchste geistige Reife und unerschöpflichen Idealismus der Volksmassen durch alle Stürme glücklich in den Hafen gebracht werden kann. Aus dem Ziel der Revolution ergibt sich klar ihr Weg, aus der Aufgabe ergibt sich die Methode. Die ganze Macht in den Händen der arbeitenden Masse, in die Hände der Arbeiter- und Soldatenräte, Sicherung des Revolutionswerkes vor seinen lauernden Feinden: dies ist die Richtlinie für alle Maßnahmen der revolutionären Regierung.

Der Anfang, 1918 (GW 4, 397f.)

Nur die Weltrevolution des Proletariats kann in dieses Chaos Ordnung bringen, kann allen Arbeit und Brot verschaffen, kann der gegenseitigen Zerfleischung der Völker ein Ende machen.

Was will der Spartakusbund?, 1918 (GW 4, 441)

In allen früheren Revolutionen traten die Kämpfer mit offenem Visier in die Schranken: Klasse gegen Klasse, Programm gegen Programm, Schild gegen Schild. Und hat es in jeder Gegenrevolution Zettelungen, Ränke und Schliche gegeben, so waren es eben notorische Zettelungen, Ränke und Schliche der Gegenrevolution, der Royalisten, Aristokraten, reaktionären Militärs. Es waren stets Anhänger des gestürzten oder bedrohten Systems, die im Namen und zur Rettung dieses Systems gegenrevolutionäre Maßnahmen ergriffen. Es genügte, die kompromittierten Schilder und Wappen aus dem Dunkel ans Licht zu zerren, damit die Volksmenge mit lautem Hallo die alten Vogelscheuchen zerpflückte. In der heutigen Revolution treten die Schutztruppen der alten Ordnung nicht unter eigenen Schildern und Wappen der herrschenden Klassen, sondern unter der Fahne einer »sozialdemokratischen Partei« in die Schranken.

Ein Pyrrhussieg, 1918 (GW 4, 468f.)

Was jetzt vorgeht, ist eine nie dagewesene Massenabschlachtung, die immer mehr die erwachsene Arbeiterbevölkerung aller führenden Kulturländer auf Frauen, Greise und Krüppel reduziert, ein Aderlass, dank dem die europäische Arbeiterbewegung zu verbluten droht. Noch ein solcher Weltkrieg und die Aussichten des Sozialismus sind unter den von der imperialistischen Barbarei aufgetürmten Trümmern begraben.

Die Krise der Sozialdemokratie, 1916 (GW 4, 163)

Die sozialistische Friedenspolitik ist heute in den folgenden einfachen Worten enthalten: Ihr Arbeiter! Entweder machen die bürgerlichen Regierungen den Frieden, wie sie den Krieg machten, dann bleibt bei jedem Ausgang des Krieges der Imperialismus die beherrschende Macht, und dann geht es unvermeidlich immer weiter neuen Rüstungen, Kriegen und dem Ruin, der Reaktion, der Barbarei entgegen. Oder ihr rafft euch zu revolutionären Massenerhebungen auf, zum Kampf um die politische Macht, um *euren* Frieden nach außen und nach innen zu diktieren. Entweder Imperialismus und rascherer oder langsamerer Untergang der Gesellschaft oder Kampf um den Sozialismus als einzige Rettung. Etwas Drittes, etwas Mittleres gibt es nicht.

Wilsons Sozialismus, 1917 (GW 4, 250f.)

Der allgemeine Friede lässt sich ohne Umsturz der herrschenden Macht in Deutschland nicht erreichen. Nur mit der Fackel der Revolution, nur im offenen Massenkampfe um die politische Macht, um die Volksherrschaft und die Republik in Deutschland, lässt sich jetzt das erneute Auflodern des Völkermordens und der Triumph der deutschen Annexionisten im Osten und im Westen verhindern. Die deutschen Arbeiter sind jetzt berufen, die Botschaft der Revolution und des Friedens vom Osten nach dem Westen zu tragen. Hier hilft kein Mundspitzen, hier muss gepfiffen werden.

Die geschichtliche Verantwortung, 1918 (GW 4, 379)

Der Sozialismus ist Notwendigkeit geworden nicht bloß deshalb, weil das Proletariat unter den Lebensbedingungen nicht mehr zu leben gewillt ist, die ihm die kapitalistischen Klassen bereiten, sondern deshalb, weil, wenn das Proletariat nicht seine Klassenpflichten erfüllt und den Sozialismus verwirklicht, uns allen zusammen der Untergang bevorsteht.

Gründungsparteitag der KPD 1918/1919 (GW 4, 496)

»Ordnung herrscht in Berlin!« Ihr stumpfen Schergen! Eure »Ordnung« ist auf Sand gebaut. Die Revolution wird sich morgen schon »rasselnd wieder in die Höh richten« und zu eurem Schrecken mit Posaunenklang verkünden: Ich war, ich bin, ich werde sein!

Ordnung herrscht in Berlin, 1919, Luxemburgs letzter Text in der »Roten Fahne«, verfasst am Abend vor ihrer Ermordung, (GW 4, 536)

DIE STILISTIN UND RHETORIKERIN

Freiheit nur für die Anhänger der Regierung, nur für Mitglieder einer Partei – mögen sie noch so zahlreich sein – ist keine Freiheit. Freiheit ist immer die Freiheit der Andersdenkenden. Nicht wegen des Fanatismus der »Gerechtigkeit«, sondern weil alles Belebende, Heilsame und Reinigende der politischen Freiheit an diesem Wesen hängt und seine Wirkung versagt, wenn die »Freiheit« zum Privilegium wird.

Zur russischen Revolution, 1918 (GW 4, 359)

Die Arbeitermassen kann man nur auf dem Boden des ständigen und täglichen ökonomischen und politischen Klassenkampfes organisieren.

In revolutionärer Stunde: Was weiter?, 1906 (GW 2, 35)

Sich selbst und andern klaren Wein einschenken ist allezeit die beste praktische Politik für die Partei des revolutionären Proletariats gewesen.

Friedensutopien, 1911 (GW 2, 498)

Wenn einmal die Akten der Geschichte über die kapitalistische Gesellschaftsordnung geschlossen, alle ihre Verbrechen offen vor aller Augen liegen und des endgültigen Urteils einer späteren Menschheit harren werden, wir glauben, am schwersten wird unter diesen Verbrechen vor dem Antlitz der Urteilsfinderin Geschichte die Misshandlung der proletarischen Kinder wiegen. Die Aussaugung der Lebenssäfte aus diesen wehrlosen Geschöpfen, die Vernichtung der Lebensfreude gleich an der Schwelle des Lebens, die Verzehrung der Saat der Menschheit schon auf den Halmen – das ist mehr als alles, was die furchtbare Herrschaft des Kapitals an der Gegenwart sündigt, das sind auch noch Eingriffe mit mörderischer Hand in die Zukunft.

Das eigene Kind!, 1902 (GW 1/2, 220)

Die Sozialisten holen überall die Kastanien aus dem Feuer für die Bourgeoisie, helfen mit ihrem Ansehen und ihrer Ideologie, den moralischen Bankerott der bürgerlichen Gesellschaft zu decken und zu retten, helfen, die bürgerliche Klassenherrschaft zu renovieren und zu konsolidieren.

Fragment über Krieg, nationale Frage und Revolution, 1918 (GW 4, 367)

Während die herrschenden Klassen in vollem Umfang, in ihrem ganzen Tun und Lassen sich auf die Gewalt stützen, soll das Proletariat allein im Kampfe gegen diese Klassen auf den Gebrauch der Gewalt von vornherein und ein für allemal verzichten. Und zwar welches fürchterliche Schwert soll ihm als Waffe zur Niederzwingung der herrschenden Gewalt dienen? Dieselbe Gesetzlichkeit, in der sich die Gewalt der Bourgeoisie zu einer herrschenden, zur gesellschaftlichen Norm stempelt!
Freilich, das Gebiet der bürgerlichen Gesetzlichkeit, des Parlamentarismus ist nicht nur ein Herrschaftsfeld für die kapitalistische Klasse, sondern auch der Kampfboden, worauf die Gegensätze zwischen Proletariat und Bourgeoisie zum Austrag kommen. Allein wie für die Bourgeoisie die Rechtsordnung nur ein Ausdruck ihrer herrschenden Gewalt, so kann der parlamentarische Kampf für das Proletariat nur das Streben sein, auch seinerseits seine Gewalt zur Herrschaft zu bringen. Steht hinter unserer gesetzlichen, parlamentarischen Tätigkeit nicht die Gewalt der Arbeiterklasse, jederzeit bereit, im Notfall in Aktion zu treten, dann verwandelt sich die parlamentarische Aktion der Sozialdemokratie in einen ebenso geistreichen Zeitvertreib wie zum Beispiel

das Wasserschöpfen mit einem Siebe. Die »Realpolitiker«, die unausgesetzt auf die »positiven Erfolge« der parlamentarischen Tätigkeit der Sozialdemokratie hinweisen, um sie als Argument gegen die Notwendigkeit und Nützlichkeit der Gewalt im Arbeiterkampf auszuspielen, bemerken gar nicht, dass diese Erfolge selbst bei aller Geringfügigkeit doch nur als ein Produkt der unsichtbaren, latenten Wirkung der Gewalt zu betrachten sind.

Und zum dritten Mal das belgische Experiment, 1901/02 (GW 1/2, 243)

Vor Fehlern ist niemand gefeit, der in dem großen Drang und Gewühl des welthistorischen Kampfes Entscheidungen zu treffen hat. Aber die gemachten Fehler nicht einsehen, aus ihnen nicht lernen können, aus aller Schmach immer wieder unbelehrbar hervorzugehen – das grenzt an Verbrechen.

Die Politik der sozialdemokratischen Minderheit, 1916 (GW 4, 179)

Es gibt eine bestimmte revolutionäre Methode, das Volk von seinen Illusionen zu kurieren, diese Kur wird aber leider mit dem Blute des Volkes erkauft.

Gründungsparteitag der KPD 1918/1919 (GW 4, 499)

Wenn ein »freier Bürger« von einem anderen gegen seinen Willen, zwangsweise in ein enges, unwohnliches Gelass gesteckt und dort eine Zeitlang gehalten wird, so versteht jeder, dass dies ein Gewaltakt ist. Sobald jedoch die Operation auf Grund eines gedruckten Buches, genannt Strafkodex, geschieht und das Gelass »königlich-preußisches Gefängnis« oder Zuchthaus heißt, dann verwandelt sie sich in einen Akt der friedlichen Gesetzlichkeit. Wenn ein Mensch von einem anderen gegen seinen Willen zur systematischen Tötung von Nebenmenschen gezwungen wird, so ist es ein Gewaltakt. Sobald aber dasselbe »Militärdienst« heißt, bildet sich der gute Bürger ein, in vollem Frieden der Gesetzlichkeit zu atmen. Wenn eine Person von einer anderen gegen ihren Willen um einen Teil ihres Besitzes oder Verdienstes gebracht wird, so zweifelt kein Mensch, dass ein Gewaltakt vorliegt, heißt aber dieser Vorgang »indirekte Steuererhebung«, dann liegt bloß eine Ausübung der geltenden Gesetze vor.

Mit einem Worte: Was sich uns als bürgerliche Gesetzmäßigkeit präsentiert, ist nichts anderes als die von vornherein zur verpflichtenden Norm erhobene Gewalt der herrschenden Klasse. Ist diese Festlegung der einzelnen Gewaltakte zur obligatorischen

Norm einmal geschehen, dann mag die Sache sich im bürgerlichen Juristenhirn und nicht minder im sozialistischen Opportunistenhirn auf den Kopf gestellt bespiegeln: die »gesetzliche Ordnung« als eine selbständige Schöpfung der »Gerechtigkeit« und die Zwangsgewalt des Staates bloß als eine Konsequenz, eine »Sanktion« der Gesetze. In Wirklichkeit ist umgekehrt die bürgerliche Gesetzlichkeit (und der Parlamentarismus als die Gesetzlichkeit im Werden) selbst nur eine bestimmte gesellschaftliche Erscheinungsform der aus der ökonomischen Basis emporgewachsenen politischen Gewalt der Bourgeoisie.

Und zum dritten Mal das belgische Experiment, 1901/02 (GW 1/2, 242)

Russland bestätigt in diesem Augenblick wieder einmal die alte historische Erfahrung: Es gibt nichts Unwahrscheinlicheres, Unmöglicheres, Phantastischeres als eine Revolution, noch eine Stunde bevor sie ausbricht, und es gibt nichts Einfacheres, Natürlicheres und Selbstverständlicheres als eine Revolution, nachdem sie ihre erste Schlacht geschlagen und ihren ersten Sieg errungen hat.

Russische Probleme, 1917 (GW 4, 255)

Sozialismus heißt nicht, sich in ein Parlament zusammenzusetzen und Gesetze beschließen, Sozialismus bedeutet für uns die Niederwerfung der herrschenden Klassen mit der ganzen Brutalität, die das Proletariat in seinem Kampfe zu entwickeln vermag.

Verbandsgeneralversammlung der USDPD in Groß-Berlin, 1918 (GW 4, 459)

Wenn preußische Staatsanwälte des rohen Glaubens sind, wenn diese Leute sich in ihrer groben historischen Vorstellung einbilden, dass unser Hauptmittel im Kampfe gegen den Militarismus darin bestehe, dass wir den Soldaten in dem Augenblick hindern wollen, wenn er den Arm hebt, um die Waffe loszudrücken, so irren sie sich. Die Hand wird vom Gehirn geleitet. Auf dieses Hirn wollen wir einwirken durch unser geistiges Sprengpulver.

Rede in der Protestversammlung in Frankfurt am Main, 1914 (GW 3, 409)

Man braucht freilich nicht gerade vom Distelstrauch Feigen pflücken zu wollen und von bürgerlichen Parlamentariern nicht ernsthaften Widerstand gegen den Militarismus zu erwarten.

Die Baseler Aktion, 1914 (GW 3, 461)

Und wenn wir zu der Schlussfolgerung kommen, dass die Bourgeoisie in der gegenwärtigen Revolution nicht die Rolle des Führers der Befreiungsbewegung spielt und sie auch nicht spielen kann, dass sie dem Wesen ihrer Politik nach konterrevolutionär ist, wenn wir demzufolge erklären, dass sich das Proletariat bereits nicht mehr als Hilfstrupp des bürgerlichen Liberalismus betrachten darf, sondern als Vortrupp der revolutionären Bewegung, der seine Politik nicht in Abhängigkeit von den anderen Klassen festlegt, sondern sie ausschließlich von seinen eigenen Klassenaufgaben und -interessen ableitet, wenn wir sagen, dass das Proletariat nicht nur der Steigbügelhalter der Bourgeoisie ist, sondern zu einer selbständigen Politik berufen ist – wenn wir all das sagen, so scheint mir damit klar ausgedrückt zu sein, dass das bewusste Proletariat jede revolutionäre Bewegung des Volkes ausnutzen und sie seiner Führung und seiner Klassenpolitik unterordnen muss.

Rede auf dem Parteitag der Sozialdemokratischen Arbeiterpartei Russlands 1907 in London (GW 2, 227)

Weltpolitik bedeutet Militarismus, Marinismus, Kolonialpolitik.

Die Lehren der letzten Reichstagswahl, 1907 (GW 2, 195)

Die Selbstkritik der Arbeiterklasse – dass sie sich auf jedem Schritt die Richtung, die Logik und die Grundlagen ihrer eigenen Klassenbewegung bewusst macht – ist die Quelle, aus der sie wieder und wieder die Kraft zu neuem Kampf schöpft und sich die eigenen Schwankungen und Niederlagen als Beweise ihrer Kraft und des sicheren Sieges erklärt.

In revolutionärer Stunde: Was weiter?, 1906 (GW 2, 22)

In Preußen ist so gar manches möglich, was sonst menschenunmöglich erscheint.

Der preußische Wahlrechtskampf, 1910 (GW 2, 311)

Wir wissen, dass in der kapitalistischen Gesellschaft mit periodischer Regelmäßigkeit und unabwendbar nach einer glänzenden Geschäftszeit eine Krise sich einstellt und dass, nachdem eine Handvoll Kapitalisten den Rahm abgeschöpft haben, die Opfer der Krise auf die große Masse erdrückend herabfallen. Dann kommt die Arbeitslosigkeit, der Hunger.

Die politische Lage und die Sozialdemokratie, 1911 (GW 3, 71)

Jeder wirklich große Klassenkampf muss auf der Unterstützung und Mitwirkung der breitesten Massen beruhen, und eine Strategie des Klassenkampfes, die nicht mit dieser Mitwirkung rechnet, die bloß auf die hübsch ausgeführten Märsche des kasernierten kleinen Teils des Proletariats zugeschnitten wäre, ist im voraus zum kläglichen Fiasko verurteilt.

Massenstreik, Partei und Gewerkschaften, 1906 (GW 2, 143)

Die sogenannte ›Dummheit der Massen‹, die seit jeher als der Sündenbock bei allerlei Prinzipienverstößen aufmarschiert, ist im Grunde genommen nichts anderes als die Beschränktheit derjenigen, die sich auf diese Dummheit berufen.

Der Parteitag und die Budgetbewilligung, 1900/01 (GW 1/2, 125)

Also der blinde Gehorsam des Soldaten ist der Lebensnerv des Staates; wenn aber der Soldat anfängt, über die Zweckmäßigkeit der Befehle nachzudenken, statt als blindes Werkzeug allen Befehlen von oben Gehorsam zu leisten, dann wird es um den Lebensnerv geschehen sein, und die Herrlichkeit des heutigen Militärstaates bricht zusammen. Man bezeichnet den unbedingten sklavischen Gehorsam als den Lebensnerv des Staates. Dagegen ist man unbesorgt um die Nahrungmittelversorgung des darbenden Volkes.

Über Militarismus und Arbeiterklasse, 1914 (GW 3, 443)

Hinter dem Thron und Altar wie hinter der politischen Versklavung des weiblichen Geschlechts verschanzen sich heute die schlimmsten und brutalsten Vertreter der Ausbeutung und der Knechtschaft des Proletariats. Monarchie und Rechtlosigkeit der Frau sind zu den wichtigsten Werkzeugen der kapitalistischen Klassengesellschaft geworden.

Frauenwahlrecht und Klassenkampf, 1912 (GW 3, 162)

Der internationale Sozialismus erkennt das Recht freier unabhängiger, gleichberechtigter Nationen, aber nur er kann solche Nationen schaffen, erst er kann das Selbstbestimmungsrecht der Völker verwirklichen.

Die Krise der Sozialdemokratie, 1916 (GW 4, 136)

Sozialisten, die kleinbürgerliche Demokraten von der oppositionellen Haltung abzubringen suchen, und bürgerliche Demokraten, die die Sozialisten des Bauchrutschens vor der Regierung und des Verrats an den eigenen Ideen zeihen – das ist die tiefste Erniedrigung, die von dem Sozialismus je erreicht wurde, und zugleich die letzte Konsequenz der sozialistischen Ministerschaft.

Die sozialistische Krise in Frankreich, 1900/01 (GW 1/2, 36)

Die Proletarierin braucht politische Rechte, weil sie dieselbe wirtschaftliche Funktion in der Gesellschaft ausübt, ebenso für das Kapital rackert, ebenso den Staat erhält, ebenso von ihm ausgesogen und niedergehalten wird wie der männliche Proletarier.

Die Proletarierin, 1914 (GW 3, 411)

Klassenkämpfe sind die treibende Kraft und der Kern der Weltgeschichte, seit das Privateigentum die Scheidung der menschlichen Gesellschaft in Ausbeuter und Ausgebeutete vollzogen hat.

Lassalles Erbschaft, 1913 (GW 3, 220f.)

Die Massen sind eben die wirkliche Macht, die reale Macht kraft ihrer Interessen, kraft der historischen Notwendigkeit, kraft des ehernen »Muss« der Geschichte. Man mag ihr vorübergehend Fesseln anlegen, ihre Organisation formell jeder Macht berauben – sie braucht sich nur zu regen, nur ihr Rückgrat steif aufzurichten, schon bebt der Boden unter den Füßen der Konterrevolution.

Was machen die Führer?, 1919 (GW 4, 518)

In der Glutatmosphäre der Revolution reifen Menschen und Dinge mit unglaublicher Schnelligkeit.

Was machen die Führer?, 1919 (GW 4, 518)

Krieg oder Frieden, Marokko für Kongo oder Togo für Tahiti, das sind Fragen, bei denen Leben oder Tod für Tausende, das Wohl und Wehe ganzer Völker auf dem Spiele steht. Um diese Frage lässt ein Dutzend raffgieriger Industrieritter seine politischen Kommis feilschen und erwägen, wie in der Markthalle um Hammelfleisch und Zwiebeln gefeilscht wird, und die Kulturvölker warten in banger Unruhe wie zur Schlachtbank geführte Hammelherden auf die Entscheidung. Es ist dies ein Bild von so empörender Brutalität und plumper Niedertracht, dass es mit tiefem Grimm jeden erfüllen muss, der nicht an dem Schacher direkt interessiert ist.

Marokko, 1911 (GW 3, 21f.)

Eine systematische Kampagne mit anderen Radikalen hat den Nachteil, dass jeder »Radikale« ein Querkopf für sich ist; gemeinsame Absprachen und Aktionen sind nur eine Schranke und ein Klotz am Bein; das ist meine langjährige Erfahrung.

An Leo Jogiches, Friedenau, 17.3.1910 (GB 3, 126)

Und jedesmal, wo bürgerliche Politiker die Idee des Europäertums, des Zusammenschlusses europäischer Staaten auf den Schild erhoben, da war es mit einer offenen oder stillschweigenden Spitze gegen die »gelbe Gefahr«, gegen den »schwarzen Weltteil«, gegen die »minderwertigen Rassen«, kurz, es war stets eine imperialistische Missgeburt.

Friedensutopien, 1911 (GW 2, 502)

Ein Parlament, das sich seit langen Jahren in der Kunst der eigenen Erniedrigung und Preisgebung mit wahrem Feuereifer übt, ruft schließlich eine gewisse Abstumpfung gegenüber seinen Heldentaten hervor.

»Nicht zuständig«, 1914 (GW 3, 440)

Es ist tatsächlich unser trauriges Schicksal, dass wir, solange wir irgendeine bestimmte Politik betreiben, und mögen wir uns drehen und wenden, wie wir wollen, doch von »den Massen«, das heißt von irgendeinem Teil dieser Massen, nicht verstanden werden. Es fragt sich bloß, von wem wir verstanden werden wollen und an wessen Verständnis uns bei unserer Politik liegen muss.

Der Parteitag und die Budgetbewilligung, 1900/01 (GW 1/2, 124)

Wann und wo hat es denn einen Krieg gegeben, seit die sogenannte öffentliche Meinung bei den Rechnungen der Regierungen eine Rolle spielt, in dem nicht jede kriegsführende Partei einzig und allein zur Verteidigung des Vaterlandes und der eigenen gerechten Sache vor dem schnöden Überfall des Gegners schweren Herzens das Schwert aus der Scheide zog? Die Legende gehört so gut zum Kriegführen wie Pulver und Blei. Das Spiel ist alt. Neu ist nur, dass eine sozialdemokratische Partei an diesem Spiel teilgenommen hat.

Die Krise der Sozialdemokratie, 1916 (GW 3, 74)

Die Dividenden steigen, und die Proletarier fallen. Und mit jedem sinkt ein Kämpfer der Zukunft, ein Soldat der Revolution, ein Retter der Menschheit vom Joch des Kapitalismus ins Grab.

Die Krise der Sozialdemokratie, 1916 (GW 4, 163)

Für die besitzende bürgerliche Frau ist ihr Haus die Welt. Für die Proletarierin ist die ganze Welt ihr Haus, die Welt mit ihrem Leid und ihrer Freude, mit ihrer kalten Grausamkeit und ihrer rauen Größe.

Die Proletarierin, 1914 (GW 3, 411)

Das werktätige Volk hat durch Militär und Krieg nur Verluste. Im stehenden Heer gehen der Jugend des Volkes jeweils einige Jahre ihres schönsten Alters verloren; anstatt für sich und die Ihren nützliche Arbeit zu verrichten, muss sie die Zeit mit Musterungen vergeuden und grausamste Misshandlungen und Erniedrigungen brutaler Unteroffiziere und Offiziere ertragen. Im Krieg gehen die Söhne des Volkes zu Tausenden zugrunde, opfern ihr Leben oder bleiben ihr Leben lang Krüppel, um ihre schlimmsten Feinde – die Kapitalisten – zu bereichern.

Was wollen wir?, 1906 (GW 2, 72)

Jede Partei schlägt nach links aus und fällt nach rechts um, und die wenigen Parteiführer, die noch nicht ihr liberales Gewissen losgeworden sind, versuchen ohnmächtig wie Phaeton die hoffnungslos verstrickten Rosse und den umgerannten Wagen des Liberalismus aus dem Sumpf der Reaktion und dem wirren Chaos der unaufhaltsamen Zersetzung zu reißen.

Eine Revision, 1911 (GW 2, 547f.)

Dieser »Kopf« wird schon gehen, wenn man ihm in den Hintern ein paar Tritte gibt.

An Leo Jogiches, Friedenau, nach dem 22. März 1910 (GB 3, 129)

Deutschland in allem voran, auch in der Hemmung der Internationale.

Reichskonferenz der Gruppe »Internationale«, März 1916 (GW 4, 166)

Alter Maulwurf Geschichte, du hast brav gearbeitet! In diesem Moment ertönt über dem internationalen, über dem deutschen Proletariat wieder das Losungswort, der Mahnruf, wie ihn nur die große Stunde einer Weltwende bringen kann: Imperialismus oder Sozialismus! Krieg oder Revolution! Ein Drittes gibt es nicht!

Der alte Maulwurf, 1917 (GW 4, 264)

DIE LYRIKERIN (KÜNSTLERIN)

Auf meiner Grabtafel dürfen nur zwei Silben stehen: »Zwi-Zwi.« Das ist nämlich der Ruf der Kohlmeisen, den ich so gut nachmache, dass sie sofort herlaufen.

An Mathilde Jacob, Wronke, 7. Februar 1917 (GB 5, 171)

Wenn man bloß mit dem »Glück im Winkel«, das ich nun im vierten Jahr genieße, auskommen könnte! Aber die Weltgeschichte kommt einem ja vor wie ein schlechtes Buch, ein Kolportageroman, wo grelle Effekte und Bluttaten sich in roher Übertreibung häufen und wo man keine Menschen, keine Charaktere, sondern Holzpuppen handeln sieht. Leider kann man dieses schlechte Buch nicht aus der Hand schmeißen, man muss sich durchbeißen. Und doch – »sie bewegt sich«. Ich verzweifle nicht einen Augenblick an der geschichtlichen Dialektik.

An Rosi Wolfstein, Breslau, 8. März 1918 (GB 5, 374)

Gestern dachte ich also: Wie merkwürdig das ist, dass ich ständig in einem freudigen Rausch lebe – ohne jeden besonderen Grund. So liege ich zum Beispiel hier in der dunklen Zelle auf einer steinharten Matratze, um mich im Hause herrscht die übliche Kirchhofstille, man kommt sich vor wie im Grabe; vom Fenster her zeichnet sich auf der Decke der Reflex der Laterne, die vor dem Gefängnis die ganze Nacht brennt. Von Zeit zu Zeit hört man nur ganz dumpf das ferne Rattern eines vorbeigehenden Eisenbahnzuges oder ganz in der Nähe unter den Fenstern das Räuspern der Schildwache, die in ihren schweren Stiefeln ein paar Schritte langsam macht, um die steifen Beine zu vertreten. Der Sand knirscht so hoffnungslos unter diesen Schritten, dass die ganze Öde und Ausweglosigkeit des Daseins daraus klingt in die feuchte, dunkle Nacht. Da liege ich still, allein, gewickelt in diese vielfachen schwarzen Tücher der Finsternis, Langeweile, Unfreiheit, des Winters – und dabei klopft mein Herz von einer unbegreiflichen, unbekannten inneren Freude, wie wenn ich im strahlenden Sonnenschein über eine Wiese gehen würde.

An Sophie Liebknecht, Breslau, Dezember 1917 (GB 5, 347f.)

Es gibt noch Dinge, die in unserer hastigen, sprunghaften Zeit einen fixen Punkt bilden, bei dem der abgehetzte Gedanke ausruhen und das verlorene Bild der Ewigkeit wiederfinden kann: Es ist dies die würdige Gestalt des deutschen Professors. Seit dreißig Jahren glaubt der deutsche Professor fest und unerschütterlich an seinen historischen Beruf, die Geschichte zu erklären, indem er sie zerfasert, das soziale Leben zu beeinflussen, indem er sozialpolitische Einsicht tauben Ohren predigt, und die Wissenschaft in den Dienst des gesellschaftlichen Fortschritts zu stellen, indem er der herrschenden Reaktion dient.

Im Rate der Gelehrten, 1903 (GW 1/2, 382)

Meine Beschwerde ist mit gründlicher Schilderung meiner Schlechtigkeit und Unverbesserlichkeit abgewiesen und ein Antrag wenigstens auf einen kurzen Urlaub desgleichen. Ich muss also wohl warten, bis wir die ganze Welt besiegen.

An Sophie Liebknecht, Breslau, 24. März 1918 (GB 5, 378)

Sieh, dass du Mensch bleibst. Mensch sein ist von allem die Hauptsache. Und das heißt fest und klar und heiter sein, ja heiter, trotz alledem.

An Mathilde Wurm, 28. Dezember 1916 (GB 5, 151)

Damals zu Hause schlich ich mich in der frühesten Morgenstunde ans Fenster – es war ja streng verboten, vor dem Vater aufzustehen –, öffnete es leise und spähte hinaus in den großen Hof. Da war freilich nicht viel zu sehen. Alles schlief noch, eine Katze strich auf weichen Sohlen über den Hof, ein paar Spatzen balgten sich mit frechem Gezwitscher, und der lange Antoni in seinem kurzen Schafpelz, den er Sommer und Winter trug, stand an der Pumpe, beide Hände und Kinn auf den Stiel seines Besens gestützt, tiefes Nachdenken im verschlafenen, ungewaschenen Gesicht. Dieser Antoni war nämlich ein Mensch von höheren Neigungen. Jeden Abend nach Torschluss saß er im Hausflur auf seiner Schlafbank und buchstabierte laut im Zwielicht der Laterne die offiziellen »Polizeinachrichten«, dass es sich im ganzen Hause wie eine dumpfe Litanei anhörte. Und dabei leitete ihn nur das reine Interesse für Literatur, denn er verstand kein Wort und liebte nur die Buchstaben an und für sich. [...] Also Antoni stand immer erst einige Zeit in tiefes Grübeln versunken, aus dem er unvermittelt zu einem erschütternden, krachenden, weithallenden Gähnen ausholte, und dieses befreiende Gähnen bedeutete jedes Mal: Nun geht's an die Arbeit. Ich höre jetzt noch den schlürfenden,

klatschenden Ton, womit Antoni seinen nassen, schiefgedrückten Besen über die Pflastersteine führte und dabei immer ästhetisch, am Rande sorgfältig zierliche, ebenmäßige Bögen beschrieb, die sich wie eine Brüsseler Spitzenborte ausnehmen mochten. Sein Hofkehren, das war ein Dichten. Und das war auch der schönste Augenblick, bevor noch da öde, lärmende, klopfende, hämmernde Leben der großen Mietskaserne erwachte. Es lag eine weihevolle Stille der Morgenstunde über der Trivialität des Pflasters: Oben in den Fensterscheiben glitzerte das Frühgold der jungen Sonne, und ganz oben schwammen rosig angehaucht duftige Wölklein, bevor sie im grauen Großstadthimmel zerflossen.
Damals glaubte ich fest, dass das »Leben«, das »richtige« Leben, irgendwo weit weg ist, dort über die Dächer hinweg. Seitdem reise ich ihm nach. Aber es versteckt sich immer hinter irgendwelchen Dächern.

An Luise Kautsky, Zwickau, September 1904 (GB 2, 68f.)

Der hungernde Proletarier ist je nachdem des tiefsten geistigen Falles oder auch des höchsten revolutionären Heldentums fähig.

Arbeitslos!, 1913 (GW 3, 365)

Jedenfalls steht aber eines fest: Meine Stimmung ist schon derart, dass mir ein Besuch meiner Freunde unter Aufsicht zur Unmöglichkeit geworden ist. Ich ertrug alles ganz geduldig die Jahre hindurch und wäre unter anderen Umständen noch weitere Jahre ebenso geduldig geblieben. Nachdem aber der allgemeine Umschwung in der Lage kam, gab das auch meiner Physiologie einen Knick. Die Unterredungen unter Aufsicht, die Unmöglichkeit über das zu reden, was mich wirklich interessiert, sind mir schon so lästig, dass ich lieber auf jeden Besuch verzichte, bis wir uns als freie Menschen sehn.

An Sophie Liebknecht, Breslau, 18. Oktober 1918 (GB 5, 412f.)

Ich möchte laut über die Mauern hinausrufen: O bitte, beachten Sie doch diesen herrlichen Tag! Vergessen Sie nicht, wenn Sie noch so beschäftigt sind, [...] den Kopf zu heben und einen Blick auf diese riesigen, silbernen Wolken zu werfen und auch auf den stillen blauen Ozean, in dem sie schwimmen. Beachten Sie doch die Luft, die von leidenschaftlichem Atem der letzten Lindenblüten schwer ist, und den Glanz und die Herrlichkeit, die auf diesem Tag liegen; denn dieser Tag kommt nie, nie wieder!

An Hans Diefenbach, Breslau, 16. Juni 1917 (GB 5, 377)

Heute ist wieder Sonntag, der tödlichste Tag für Gefangene und Einsame.

An Sophie Liebknecht, Wronke, 18. Februar 1917 (GB 5, 180)

Seit Newton durch den Fall eines Apfels auf seine Weltentheorie gebracht wurde, scheint es Gesetz zu sein, dass sich die Menschen nicht eher über die einfachsten Vorgänge klarwerden, bis ihnen faule Äpfel auf die Nase regnen.

Der Abschluss der sozialistischen Krise in Frankreich, 1901/02 (GW 1/2, 180)

Wir alle stehen unter dem blinden Schicksal, mich tröstet nur der grimmige Gedanke, dass ich doch auch vielleicht bald ins Jenseits befördert werde – vielleicht durch eine Kugel der Gegenrevolution, die von allen Seiten lauert.

An Marie und Adolf Geck, Berlin, 18. November 1918 (GB 5, 415)

Aber ich muss doch jemanden haben, der mir glaubt, dass ich nur aus Versehen im Strudel der Weltgeschichte herumkreisle, eigentlich aber zum Gänsehüten geboren bin.

An Luise Kautsky, Berlin, 18. September 1915 (GB 5, 75)

Das Erste, was sich an 365 Tagen beim Aufstehen meinen Blicken bot, ist die graue verwitterte Rückwand mit der großen halb verwaschenen Aufschrift: »Timners Essigfabrik«. Der rußige Kamin dieses Gebäudes raucht fleißig und schwängert die Luft im Gefängnis ständig mit einem leisen süßlich-säuerlichen Geruch, der manchmal – an trüben Tagen – vernehmlich im Halse kratzt. Rechts und links von der Fabrik eine bunte Reihe ganz alter Mietshäuser, deren kleine Fenster mit schwindsüchtigen Geranientöpfen, Kanarienkäfigen u. Säuglingswäsche geziert sind u. aus denen je nachdem Kindergeschrei, Zank u. Schlägerei, Gitarrengeklimper oder ein schnarrendes Grammophon zu hören sind. [...] Aber über der gebrochenen Linie dieser Dächer, die alle gen Osten liegen, gibt es jeden Morgen ein Schauspiel, das seit der Erschaffung der Welt das schönste u. erhabenste ist: den Sonnenaufgang.

Spätherbst. ½ 6 Uhr früh. Das Haus schlummert noch – nur eine Sekunde noch in Ruhe, bevor der klirrende, klappernde, schlüsselrasselnde, polternde Lärm von 500 menschlichen Existenzen wie eine ungeduldige Sturzwelle den Damm der Nachtruhe niederreißt u. alle Winkel des Riesengebäudes füllt. Noch eine Sekunde. In diesen letzten Zügen der sterbenden Nacht sehen Sie dort oben auf dem Giebel des Hauses die winzige Silhouette eines Vogels schimmern, u. hören Sie sein süßes Gestammel? Das ist der Star, der jeden Morgen zusammen mit mir auf das große Schauspiel wartet.

Wohlan, es beginnt! Dort sehen Sie, gnädige Frau, über Timners Essigfabrik, wie sich der dunkelgraue Himmel rosig färbt? Plötzlich schießt von dort ein rosiger Blitz in die Höhe, eine ganze Schar Wölkchen entzündet sich an ihm immer stärker, bis zur brennenden Glut. Der halbe Himmel flammt schon u. schwingt feurige Fackeln. Und in der Mitte, gerade über dem Kamin der Essigfabrik, bricht in der blutroten Flut das erste strahlende Gold leuchtend hervor.

Es ist wie eine Wagnersche Ouvertüre. Erst zirpen die Geigen allein ihre Skala vom höchsten, dünnsten Ton herunter, immer eiliger, immer dringender, – dann greift der große mächtige volle Ton der Oboe mit dem Leitmotiv ein, dann mischen sich Bässe, Flöten, Klarinetten ein, dann dröhnen Pauken, – endlich tutti – das gesamte Orchester braust in die Höhe – ein Triumph, ein Jubel, ein Hymnus! ... So spielt und triumphiert und jubelt lautlos das Farbenorchester am Himmel über den düsteren Mauern in der Barnimstraße. Die Sonne, die Sonne steigt auf über Timners Essigfabrik! Heil dir, du alte, ewig junge Sonne, sei mir gegrüßt! Wenn du mir nur hold bleibst, wenn ich dein goldenes Antlitz sehe, was schert mich Gitter und Schloss? Bin ich nicht frei wie jener Vogel am Dachfirst, der dir dankbar zujubelt wie ich? Und wenn ich vielleicht einmal, in der Feuersbrunst einer russischen Revolution, zum Galgen geführt werde, leuchte Du mir nur auf dem schweren Gang, und ich werde zu meiner letzten Erhöhung heiter lächelnd schreiten, wie zum Hochzeitsschmaus.

Die Geheimnisse eines Gefängnishofes. An Hanna-Elsbeth Stühmer, Wronke, 10. März 1917 (GW 7/2, S. 1013f.)

Ich möchte zu gern einmal auskosten, wie ein Mensch lebt, der keine (schriftstellerischen) Schulden auf dem Gewissen hat und alles rechtzeitig erledigt. Aber ich sterbe bestimmt, ohne das erfahren zu haben, so wie besagte Frau bei Dickens, die starb, ohne das Ende von einer Sache zu sehen.

An Leo Jogiches, Friedenau, 14. Oktober 1905 (GB 2, 200)

Die Arbeit, die tüchtige, intensive Arbeit, die einen ganz in Anspruch nimmt mit Hirn und Nerven, ist doch der größte Genuss im Leben.

An Mathilde und Robert Seidel, Berlin, 30. Dezember 1898 (GB 1, 240)

Man sollte arbeiten und tun, was man kann, im Übrigen aber alles leicht und mit gutem Humor nehmen. Mit innerer Säure wird das Leben gewiss nicht besser.

An Gertrud Zlotko, Berlin, 22. Mai 1915 (GB 5, 62)

DIE ÜBERSETZERIN UND SPRACHKÜNSTLERIN

Die Zeit, als ich die »Akkumulation« schrieb, gehört zu den glücklichsten meines Lebens. Ich lebte wirklich wie im Rausch, sah und hörte Tag und Nacht nichts als dieses eine Problem, das sich so schön vor mir entfaltete, und ich weiß nicht zu sagen, was mir höhere Freude bereitete: der Prozess des Denkens, wenn ich eine verwickelte Frage im langsamen Hinundherwandeln durch das Zimmer wälzte [...], oder das Gestalten, das literarische Formen mit der Feder in der Hand.

An Hans Diefenbach, 12. Mai 1917 (GB 5, 234)

Übrigens wirkt Goethe überhaupt ungemein beruhigend – ein echter »Olympier« ist er, und mir ist diese Weltsicht jetzt so nahe und verwandt. Leider fehlt mir nur diese eiserne Arbeitsamkeit, die Goethe ungeachtet dieser Weltsicht hatte (von dem Genie ganz zu schweigen).

An Leo Jogiches, Friedenau, 10. Oktober 1905 (GB 2, 199)

Cromwell selbst interessiert mich am wenigsten dabei und imponiert mir gar nicht, dieser typische englische Leisetreter und Glückspilz einer Revolution, die andere machen. Welche elende Figur neben den Gestalten der Französischen Revolution!

An Kostja Zetkin, Quarten, 30. Juli 1909 (GB 3, 55)

Die Kunst ist – entgegen allen ästhetischen und philosophischen Schulmeinungen – nicht ein Luxusmittel, in schönen Seelen die Gefühle der Schönheit, der Freude oder dergleichen auszulösen, sondern eine wichtige geschichtliche Form des gesellschaftlichen Verkehrs der Menschen untereinander wie die Sprache.

Tolstoi als sozialer Denker, 1907 (GW 2, 251)

Ich habe gestern Wildes »A woman of no importance« zu Ende gelesen, ewig dieselben paar Typen und dieselben Paradoxe, und von der englischen Gesellschaft »nowadays«, die er schildert, wird's einem zum Kotzen. Ich hab von ihm genug. Ich freue mich schon darauf, wieder einen Kerl wie Stendhal vorzunehmen.

An Kostja Zetkin, Friedenau, 18. Juni 1910 (GB 3, 178)

Nach Proudhons Auffassung beruht die Ausbeutung des Proletariats nicht auf dem kapitalistischen Privateigentum an Produktionsmitteln, sondern auf einer Prellerei beim Auszahlen des Lohns. Einer Prellerei, die durch den Gebrauch des Geldes ermöglicht wird. Daher notwendige Einführung von einfachen Zetteln mit Bescheinigung über die Angabe der Arbeitsstunden, die in jeder Ware stecken, und dann muss ein gerechter Austausch allgemeine ökonomische Gleichheit herbeiführen.
Er vergaß gänzlich, dass der Proletarier dem Kapitalisten nicht Ware verkauft, sondern seine einzige Ware – Arbeitskraft, und dass die Ausbeutung auch dann, und erst recht dann vonstatten geht, wenn die Arbeitskraft nach ihrem Wert und nach ihren Unterhaltskosten bezahlt wird. – Das verhängnisvolle und reaktionäre dieser Utopie: dass sie den Arbeiter auf ökonomische Kurpfuscherei hinlenkt und vom politischen Kampf, vom Kampf um die Eroberung der Macht im Staat ablenkt.

An Mathilde Wurm, Breslau, 20. Januar 1918 (GB 5, 360)

Wenn eine Polemik töten soll, muss sie unbedingt feiner sein, nicht gemein.

An Leo Jogiches, Friedenau, zw. 6. und 14. Juni 1910 (GB 3, 170f.)

Was Du aus dem Umstand schließen sollst, dass man den »Wilhelm Meister« gar nicht zu kaufen kriegt? Sehr einfach: Er wird vom Publikum eben gar nicht gelesen und deshalb nicht mehr separat verlegt; nur Bibliophile und Goethespezialisten können ihn noch verkraften. Mir geht das Breitgeheimrätliche auch ziemlich auf die Nerven.

An Mathilde Wurm, Breslau, 22. April 1918 (GB 5, 308)

Dass Ferdinand [Lassalle] Dich bezaubert hat, freut mich sehr; ich schwärme auch für ihn und lasse ihn mir durch keinen und durch nichts verleiden. Auf mich wirkt er noch auch stets anspornend zur Arbeit und zur Wissenschaft; sie hat bei ihm ein so lebendiges, geniales Wesen. Marx ist zwar gewaltiger und tiefgründiger, aber lange nicht so blitzend und farbenreich wie dieser.

An Kostja Zetkin, 24. September 1907 (GB 2, 308)

Gorkis Schrulle besteht lediglich darin, dass er sich, was ich aus verschiedenen Anzeichen weiß, ernsthaft für einen großen Herausgeber hält, der schon etwas einzuschätzen vermag.

An Leo Jogiches, Levanto, 5. Juni 1909 (GB 3, 29)

Gestern spielte H[ans] K[autsky] Beethoven vor, namentlich die Pathétique, die seine Lieblingssonate ist, er war auch gut bei Stimmung. Selten hat ein Stück auf mich einen so tiefen Eindruck gemacht; der zweite Satz ist einfach kolossal, der Kerl ist groß wie die Welt, nur dass es eine einsichtige, düstere, wehmütige Unterwelt ist, während Mozart ein Gott auf sonnigen Höhen ist.

An Kostja Zetkin, Friedenau, 24. Juni 1910 (GB 3, 180f.)

Ich bin jetzt fast zu Ende mit Kropotkin, noch nie habe ich ein Buch mit solcher Teilnahme gelesen, vielleicht macht es mein jetziger Zustand, aber ich fühle mein Herz schmerzlich zucken, sowie die Revolution sich ihrem schrecklichen Ende nähert, ich fürchte mich fast weiterzulesen. Du musst es in der »Gleichheit« warm empfehlen, es ist ein großes Lehrbuch der Revolution und des Klassenkampfes, wie wir kein zweites haben.

An Kostja Zetkin, Quarten, zw. 17. August und 1. September 1909 (GB 3, 71f.)

Gestern war ich in [den] »Meistersingern«, bei einer guten Darstellung. Die Sache ist sehr schön, aber hat ungeheure Längen und doch etwas von der lärmenden Pöbelhaftigkeit Wagners.

An Kostja Zetkin, Friedenau, 18. Juli 1910 (GB 3, 193)

Ich bekomme eine Bestellung: »Schreibe einen Leitartikel über die Autonomie« (oder über die »Konstitutante«)! Gut. Aber, zum Teufel, dazu muss man die polnische und die russische Presse verfolgen, au courant sein, was in der Gesellschaft geschieht, mit den Parteiangelegenheiten Fühlung haben. Sonst kann doch nur irgendein blasser Formelkram herauskommen, kann ich nicht »ins Schwarze treffen«.

An Leo Jogiches, Friedenau, 26./27. Oktober 1905 (GB 2, 221)

Es gab zu jeder Zeit Menschen – und es gibt solche auch heute –, die an die Möglichkeit und an das Zeitgemäße einer Revolution erst dann glauben, wenn sie bereits geschehn, Menschen, die der Weltgeschichte ihre Gedanken sozusagen nicht vom Antlitz, sondern vom Rücken ablesen.

Lassalle und die Revolution, 1904 (GW 1/2, 419)

Hingegen liegt zwischen der Mythe vom guten Fürsten und den historischen Bestrebungen, den Klasseninteressen des modernen Proletariats ein klaffender Widerspruch. Diejenigen, die sich im ersten Augenblick über die demütig bittende Stellung des Petersburger Volkes entsetzten, womit es feierlich, mit feuchten Augen und des Gekreuzigten Bild in den Händen, zum Zaren wallfahrtete, haben bei dem Schauspiel die Hauptsache übersehen, den Umstand nämlich, dass die demütige »Bitte« der Volksmassen an den Zaren in nichts anderem bestand als darin, seine heilige Majestät möge sich gütig mit Höchstdero eigenen Händen als Alleinherrscher aller Reußen enthaupten. Es war die Bitte an den Autokraten, der Autokratie den Garaus zu machen, die Bitte an den Wolf, von nun an mit zartem Gemüse, statt mit warmem Blut fürlieb nehmen zu wollen. Es war das radikalste politische Programm, gekleidet in die Form einer rührenden patriarchalischen Idylle, es war der modernste Klassendrang eines tiefernsten, reifen Proletariats, gesteckt in den Einfall eines bunten Ammenmärchens. Und eben dieser Widerspruch zwischen dem revolutionären Kern der proletarischen Interessen und der primitiven Schale der Illusion vom »guten Fürsten« ist es, der den zündenden Funken der Straßenrevolution gebären musste, sobald er auf die Probe der Wirklichkeit gestellt wurde.

Der Bittgang des Proletariats, 1904/05 (GW 1/2, 524f.)

Wir haben heute Sturm von allen Seiten, und mitten im Sturm müssen wir unsern Kampf führen. Und wir haben keinen Grund zu bedauern, dass wir auf stürmischem Boden stehen. Je stürmischer es zugeht, desto lustiger flattert die Fahne auf unserem Schiff.

Die politische Lage und die Sozialdemokratie, 1911 (GW 3, 71)

Bürgerliche Normalschädel waren in ihren besten Zeiten nicht dazu gemacht, die historische Größe proletarischer Kämpfe zu fassen. Es werden am allerwenigsten die Zwergschädel der Verfallsbourgeoisie berufen sein.

Nach dem ersten Akt, 1904/05 (GW 1/2, 487)

Tausendmal schlimmer als jede Niederlage ist ein längeres Ausweichen dem Kampfe dort, wo er unvermeidlich geworden ist.

Taktische Fragen, 1913 (GW 3, 258)

Ich fing heute den »Wallenstein« der Ricarda Huch an und bin Dir herzlich dankbar für das Buch. Es erfrischt mich ungemein durch die rege Gedankenarbeit und die Freude am Schildern der menschlichen Schicksale, die so deutlich aus jeder Zeile spricht. Natürlich ist das keine wissenschaftliche Arbeit; ihre Geschichtsauffassung hat gar keine ernste Basis, ist durch und durch dilettantisch und zumeist direkt schief. Aber für mich machen einen Menschen wie ein Buch nicht Ansichten, sondern der Grundstoff, aus dem Mensch und Buch bestehen. Ganz verkehrte Ansichten stören mich gar nicht, wenn ich nur innere Aufrichtigkeit, lebhafte Intelligenz und künstlerische Freude am Weltbild und Leben finde. Wie schön, dass man immer noch um die Ecke wieder Menschen entdeckt, an denen man sich freuen kann!

An Luise Kautsky, Wronke, 15. April 1917 (GB 5, 209)

Um Frieden kämpfen heißt nicht, untertänige Bittschriften an die Regierung zu unterzeichnen. Um Frieden kämpfen heißt auch nicht, in polizeilich genehmigten Versammlungen Beifall klatschen und für Friedensresolutionen die Hände hochheben, um am anderen Tage ruhig weiter Munition für den

Krieg mit eigenen Händen zu bereiten, das »Durchhalten« zu ermöglichen und mit hungerndem Magen die Militärdiktatur geduldig zu tragen.
Um Frieden kämpfen heißt, alle Machtmittel der Arbeiterklasse rücksichtslos gebrauchen, um im Land wie draußen im Felde die Fortführung des Völkermordes unmöglich zu machen, heißt, wie Liebknecht vor keinem Opfer und keiner Gefahr zurückschrecken, um den Burgfrieden zu sprengen und der Säbeldiktatur in den Arm zu fallen.

Liebknecht, 1916 (GW 4, 217)

Gestern bekam ich einen Logenplatz in der Philharmonie: Kantate von Bach und Deutsches Requiem von Brahms, Ochs dirigierte. Bach war schön und heiter, aber den Brahms konnte ich nur bis zur ersten Pause genießen; diese hohle Mache ohne innere Frömmigkeit und mit abgeschmackten Einfällen – aber die Leute saßen entzückt. Hol sie der Teufel, dieses geborene Kanonenfutter! Ich weiß wirklich nicht, ob ich nach dem Kriege in Deutschland bleibe, mir wird die Atmosphäre beinahe verhasst.

An Kostja Zetkin, Berlin, 19. Oktober 1914 (GB 5, 18)

Sie irren sich, dass ich von vornherein gegen die modernen Dichter bin. Vor etwa fünfzehn Jahren habe ich Dehmel mit Begeisterung gelesen – irgendeine Prosasache von ihm – am Sterbelager einer geliebten Frau – ich habe nur eine dunkle Erinnerung – hat mich entzückt. Arno Holz' »Phantasus« kann ich jetzt noch auswendig. Johann Schlafs »Frühling« (Poesie in Prosaform) hat mich damals hingerissen und bezaubert. Dann bin ich abgekommen und zu Goethe und Mörike zurückgekehrt. Hofmannsthal verstehe ich einfach nicht, schlecht und recht kapiere ich nichts. George kenne ich nicht.
Es ist wahr: Ich fürchte bei ihnen allen ein wenig die meisterhafte Beherrschung der Form, des poetischen Ausdrucksmittels und das Fehlen einer großen edlen Weltanschauung dabei. Dieser Zwiespalt klingt mir so hohl in der Seele, dass mir dadurch die schönste Form zur Fratze wird. Sie geben gewöhnlich wunderbar Stimmungen wieder. Aber Stimmungen machen noch keine Menschen.

An Sophie Liebknecht, Breslau, 24. November 1917 (GB 5, 333f.)

Die herrschenden Klassen glauben solange nicht an die politische »Reife« des Volkes, wie es gutwillig von ihnen die Gewährung seiner Rechte verlangt, wie es auf ihre politische Einsicht und ihre menschlichen Gefühle noch etwas hält; der Glaube pflegt sich alsdann plötzlich einzustellen, nachdem das Volk mit festem Griffe dasjenige genommen hat, was ihm hartnäckig verweigert wurde; das politische Majuritätsexamen des »Volkes« scheint für die herrschenden Klassen jedesmal erst dann abgelegt zu sein, wenn es ihnen nach Lassalleschem Rezept rücksichtslos die Faust aufs Auge und das Knie auf die Brust gedrückt hat.

Das Problem der »hundert Völker«, 1904/05 (GW 1/2, 494)

Ich nahm vorgestern Abend zum Lesen die »Kartause von Parma« und lebte gleich wieder auf von dem Dreck der täglichen Eindrücke.

An Kostja Zetkin, Berlin, 19. Oktober 1914 (GB 5, 18)

Denn das Wort »politische Gleichberechtigung« wird in dem Augenblick erst Fleisch, wo die wirtschaftliche Ausbeutung mit Stumpf und Stiel ausgerottet ist. Und »Demokratie«, Volksherrschaft beginnt erst dann, wenn das arbeitende Volk die politische Macht ergreift.

Nationalversammlung oder Räteregierung?, 1918 (GW 4, 464f.)

Ich glaube nicht, dass es notwendig ist, dass Du Owen, Fourier und St. Simon im Original liest, und zwar deshalb, weil sie ja allesamt keine Theoretiker eigentlich waren; ihre Schriften sind nur ein Teil des Materials, um über sie zu urteilen, und zwar ein in hohem Maße missverständliches, leicht irreführendes Material. Ihr Leben und ihre Wirkung sind die Hauptsachen, deshalb sind hier Werke notwendig, die das zusammen behandeln, natürlich gründliche Quellenwerke, nicht Broschüren à la Greulich und Bebel. Wir haben aber solche, nur ist ein Teil leider französisch, und diese Schwierigkeit musst Du überwinden, da hilft nichts.

An Kostja Zetkin, Kolberg, 26. Juni 1908 (GB 2, 355)

Heute, wo uns Intelligenzen bürgerlicher Herkunft rudelweis verraten und verlassen, um zu den Fleischtöpfen der Herrschenden zurückzukehren, können wir ihnen mit verächtlichem Lächeln nachblicken: Seht nur! Wir haben der deutschen Bourgeoisie doch das Letzte und Beste weggenommen, was sie noch an Geist, Talent und Charakter hatte: Franz Mehring.

An Franz Mehring, Südenede, 27. Februar 1916 (GB 5, 104)

In den letzten Tagen habe ich Guy Maupassant »Stark wie der Tod« gelesen und gestern in der Bahn »Unser Herz«. Im ersten sind einige Blätter von echter Poesie, sonst sind beide Bücher einfach Dreck.

An Kostja Zetkin, Kolberg, 12. Juni 1908 (GB 2, 348)

Ihre »Anna Karenina« habe ich gelesen. Die Übersetzung ist haarsträubend. Aber es fragt sich, ob es eine bessere gibt. Was ich irgend an Übersetzungen aus der russischen Literatur gelesen habe, es war immer ein arger Schund, denn die Übersetzungen werden meist von russischen Hungerleidern mosaischer Konfession gemacht, die sich als solche einbliden, die deutsche Sprache zu kennen, dabei aber literarisch völlig ungebildet sind.

An Mathilde Jacob, Berlin, 13. November 1915 (GB 5, 88)

... ich las Dostojewski »Tollhaus oder Herrenhaus«. Schreibe mir, ob Du es gelesen, Du musst es lesen sonst, das ist ein echter Dostojewski; erst habe ich mich geärgert wie immer über ihn, war ungeduldig, zum Schluss hat er mich bezwungen. Er ist groß in der unbarmherzigen Malerei der kranken Seele.

An Kostja Zetkin, Friedenau, 29. September 1908 (GB 2, 382)

Aber Liebster, das ist bei jedem Buch so, denn jedes Buch für sich ist etwas schrecklich Unzulängliches; mich quält auch immer beim Lesen das Bedürfnis, den Dingen auf den Grund zu kommen, man hat immer das Gefühl, dass einem nur kleine Zipfel geboten werden, und das Rechte, Wichtige bleibt verborgen. Aber dem ist nur abzuhelfen durch viele Bücher, mit der Zeit, wenn sich das Wissen allmählich zusammenfügt.

An Kostja Zetkin, Friedenau, 8. Mai 1908 (GB 2, 336f.)

Die Kapitalisten aller Länder, das sind die wahren Anstifter zum Völkermord. Das internationale Kapital – das ist der unersättliche Baal, dem Millionen auf Millionen dampfender Menschenopfer in den blutigen Rachen geworfen werden.

Was will der Spartakusbund?, 1918 (GW 4, 442)

Jeder weggeräumte Zar findet einen Nachfolger, und jeder getötete Gouverneur desgleichen. Um das Regime zu fällen, muss an seine Wurzel die Axt gelegt werden, die Wurzel des Absolutismus aber, das ist der politische Stumpfsinn der Volksmasse.

Zur Frage des Terrorismus in Russland, 1902 (GW 1/2, 77)

Hast Du bemerkt, was Kant unter »Aesthetik« versteht? Raum- und Zeitbegriffe. Was das mit der landläufigen Ästhetik zu tun hat, weiß ich nicht. Jetzt kann ich leider den Kant nicht lesen.

An Kostja Zetkin, Friedenau, 18. August 1908 (GB 2, 373)

Zur Frau von Stein übrigens, bei aller Pietät für ihre Efeublätter: Gott straf mich, aber sie war eine Kuh. Sie hat sich nämlich, als Goethe ihr den Laufpass gab, wie eine keifende Waschfrau benommen, und ich bleibe dabei, dass der Charakter einer Frau sich zeigt, nicht, wo die Liebe beginnt, sondern wo sie endet.

An Mathilde Jacob, Berlin, 9. April 1915 (GB 5, 54)

DIE MALERIN

Unterwegs habe ich so schöne Frühlingslandschaften gesehen, die frisch beackerte Erde in ihren noblen braun-lila Farben. Ich wollte am liebsten aussteigen, alles, alles vergessen und malen.

An Kostja Zetkin, Friedenau, 22. April 1910 (GB 3, 140)

Sobald ich etwas freier bin, gehe ich hinaus und male eine Landschaft. Blumenmalen interessiert mich nicht. Ich gehe dann an den Schlachtensee und suche ein Stück zu machen. Ich habe auch das verrückte Gefühl, dass ich alles kann, aber es wird natürlich vorerst eine Pfuscherei.

An Kostja Zetkin, Friedenau, 18. August 1908 (GB 2, 373)

Aha, über mein Bild hat H[ans] K[autsky] gesagt: Es ist ganz verzeichnet, ein Auge zu hoch, die Farbe am Nasenrücken falsch und der ganze Teint nicht mein. Aber Augen sind sehr gut, auch Haar und die Backe sei ausgezeichnet modelliert.

An Kostja Zetkin, Gersau, 3. Juli 1909 (GB 3, 43)

Ich zeichne und male gar nicht, jene Skizze war nur ein Werk von zwanzig Minuten und kam über mich als momentanes dringendes Bedürfnis. Ich möchte sehr zeichnen, habe aber zum Teil keine Zeit dazu, zum Teil habe ich kein Modell, und für mich selbst interessiere ich mich nicht immer.

An Kostja Zetkin, Friedenau, 6. Oktober 1909 (GB 3, 93)

Wie kommt es eigentlich, dass, wo Berg ist, unbedingt auch ein Tal irgendwo steckt, so dass man immer beides genießt, wo aber nur Tal ist, wie z.B. hier in Hessenwinkel, da ist »ebent« nur Tal und basta. Können sie mir dieses geologische Rätsel lösen?

An Luise Kautsky, Hessenwinkel, Ende Juli 1904 (GB 2, 60)

Ich würde bei keinem Maler in die Lehre gehen, auch nie jemanden um irgendetwas fragen, nur selbst beim Malen lernen und Dich fragen! Aber das sind wahnsinnige Träume, ich darf ja nicht, denn meine klägliche Malerei braucht kein Hund, meine Artikel aber brauchen die Leute.

An Kostja Zetkin, Friedenau, 22. August 1908 (GB 2, 376)

Ihnen geht es übrigens genau wie mir: Alles, was Sie um sich sehen, betrachten Sie unwillkürlich als »Thema« – wie ich –, als Bild. Ich sehe mir nämlich alle Menschen als Modelle an. Zum Zeichnen kam ich aber leider gar nicht.

An Hans Kautsky, Friedenau, 3. Januar 1909 (GB 3, 7)

Ein Bild der Lady Hamilton habe ich gesehen in der Ausstellung der Franzosen des XVIII. Jahrhunderts; ich weiß nicht mehr, wie der Maler hieß; habe nur die Erinnerung einer kräftigen und grellen Mache, einer robusten, herausfordernden Schönheit, die mich kalt ließ. Mein Geschmack sind etwas feinere Frauentypen. Ich sehe noch lebhaft in derselben Ausstellung das Bild der Madame de Lavalière von der Lebrun gemalt, in silbergrauem Ton, was zu dem durchsichtigen Gesicht, den blauen Augen und dem hellen Kleid wunderbar stand. Ich konnte mich kaum trennen von dem Bilde, in dem das ganze Raffinement des vorrevolutionären Frankreichs, eine echt aristokratische Kultur mit einem leichten Anflug von Verwesung verkörpert war.

Aus dem Kalender für das Jahr 1915, Berliner Frauengfängnis Barnimstraße (GW 7/2, 947)

Drei Lieblingsbeschäftigungen habe ich bei den Genuesern bemerkt: das Herumstehen mit den Händen in den Hosentaschen und einer Pfeife im Mund, um irgendeinem beschäftigten Mitmenschen, z. B. den Hafenarbeitern oder auch Erdarbeitern, mit ruhiger Sympathie stundenlang zuzuschauen, ferner das Ausspucken alle viertelstundelang, aber nicht so einfach und formlos wie bei uns, sondern kunstvoll, im langen, dünnen Strahl aus dem Mundwinkel, ohne den Kopf zu bewegen und mit einem Zischlaut, endlich – sich rasieren zu lassen, und zwar nicht morgens, sondern abends.

An Luise Kautsky, Genua, 14. Mai 1909 (GB 3, 21)

Ich bin hier vorläufig mit allem versehen; gestern Abend vor dem Einschlafen betrachtete ich mir zur Erholung die Studio-Mappen von Turner (ich weiß nicht, ob Sie ihn kennen: der Größte, der einzige Landschaftsmaler in Aquarell); die göttliche Schönheit der Bilder ergriff mich tief wie jedes Mal. Es ist für mich fast unfassbar, wie eine solche Schöpfung möglich ist, als wenn ich vor Tolstois Werken stehe.

An Mathilde Jacob, Berlin, 30. März 1915 (GB 5, 51)

Ich bin sehr froh, dass Dir meine Skizze gefällt, sie war Dir zugedacht, gleich wie ich sie machte. Du brauchst nicht zu denken, die Energie sei bei mir fort, ich habe gerade die schmerzliche Stimmung überwunden, in der ich sie zeichnete; nachdem die Skizze gemacht war, habe ich mich wiedergefunden. Alles Kleine und Schwache ging aus meinem Herzen fort, und da konnte ich Dir die Skizze schicken, damit Du weißt: Jetzt kannst Du auf mich zählen; was auch geschieht, mich schreckt nichts mehr, und nichts wird mich mehr wankend machen.

An Kostja Zetkin, Friedenau, 5. Oktober 1909 (GB 3, 93)

Das Leben spielt mit mir ewiges Haschen. Mir scheint es immer, dass es nicht in mir, nicht dort ist, wo ich bin, sondern irgendwo weit.

An Luise Kautsky, Zwickau, September 1904 (GB 2, 68)

DIE BOTANIKERIN

Ich lebe einfach ein Pflanzenleben, und man muss mich so lassen, wie ich bin.

An Leo Jogiches, Friedenau, 6. Oktober 1905 (GB 2, 186)

Ich fühle mich in der ganzen Welt zu Hause, wo es Wolken und Vögel und Menschentränen gibt.

An Mathilde Wurm, Wronke, 16. Februar 1917 (GB 5, 177)

Sag mal, wie kannst Du bloß wie eine traurige Zikade Dein Liedlein der Trübsal weitersingen, während aus Russland ein solch heller Lerchenchor herübertönt?! Begreifst Du denn nicht, dass dies unsere Sache ist, die dort singt und triumphiert, dass es die Weltgeschichte in Person ist, die dort ihre Schlachten schlägt und freudetrunken die Charmagnole tanzt? Muss man denn nicht alle Privatmisere bei solchem Gang der allgemeinen Sache vergessen?

An Luise Kautsky, Wronke, 15. April 1917 (GB 5, 207f.)

Ich habe noch nie einen Frühling so bewusst und in vollen Zügen erlebt wie den vorigen um diese Zeit. Vielleicht weil es nach dem Jahr Zelle 69 war oder weil ich jetzt jeden Strauch und jedes Gräslein genau kenne und deshalb die Entfaltung im Einzelnen verfolgen kann. Wissen Sie noch, wie wir erst vor einigen Jahren bei einem gelbblühenden Strauch im Südende rieten, was es wohl sei? Sie machten »den Vorschlag«, es als »Goldregen« zu rekognoszieren. Natürlich war's keiner! Wie froh bin ich, dass ich mich vor drei Jahren plötzlich in das Botanisieren gestürzt habe, wie in alles, gleich mit meiner ganzen Glut, mit dem ganzen Ich, dass mir die Welt, die Partei und die Arbeit verging und nur die eine Leidenschaft mich Tag und Nacht erfüllte: draußen in Frühlingsfeldern herumzustrolchen, die Arme voll Pflanzen zu sammeln und dann zu Hause zu ordnen, zu erkennen, in die Hefte einzutragen. [...] Dafür bin ich jetzt in dem grünen Reich zu Hause, ich habe es mir erobert – im Sturm, in Leidenschaft, und was man so mit Glut erfasst, das hat in einem feste Wurzeln.

An Hans Diefenbach, Wronke, 30. März 1917 (GB 5, 196f.)

Was ich lese? Hauptsächlich Naturwissenschaftliches: Pflanzengeografie und Tiergeografie. Gestern las ich gerade über die Ursache des Schwindens der Singvögel in Deutschland: es ist die zunehmende rationelle Forstkultur, Gartenkultur und der Ackerbau, die ihnen alle natürlichen Nist- und Nahrungsbedingungen: hohle Bäume, Ödland, Gestrüpp, welkes Laub auf dem Gartenboden – Schritt für Schritt vernichten. Mir war es so sehr weh, als ich das las. [...] Ich habe manchmal das Gefühl, ich bin kein richtiger Mensch, sondern auch irgendein Vogel oder ein anderes Tier in misslungener Menschengestalt; innerlich fühle ich mich in so einem Stückchen Garten wie hier oder im Feld unter Hummeln und Gras viel mehr in meiner Heimat als – auf einem Parteitag. Ihnen kann ich ja wohl das alles ruhig sagen: Sie werden nicht gleich Verrat am Sozialismus wittern. Sie wissen, ich werde trotzdem hoffentlich auf dem Posten sterben: einer Straßenschlacht oder im Zuchthaus. Aber mein innerstes Ich gehört mehr meinen Kohlmeisen als den »Genossen«.

An Sophie Liebknecht, Wronke, 2. Mai 1917 (GB 5, 229)

Manche Reptile ergänzen, wenn man ihnen den Schwanz abreißt, binnen kurzem das verlorene Körperstück von selbst. In der deutschen Sozialdemokratie geschehen größere Wunder; hier »ergänzt« ein abgehackter Schwanz den ganzen Organismus, ein abgestreifter Kreisvorstand legt sich eine ganz neue »Kreisorganisation« zu!

Der Rhodus, 1916 (GW 4, 210f.)

Dass es mit mir nach Breslau geht, wissen Sie wohl schon. Hier habe ich heute früh von meinem Gärtlein Abschied genommen. Das Wetter ist grau, stürmisch und regnerisch, am Himmel jagen zerfetzte Wolken, und doch habe ich meinen üblichen Frühspaziergang heute in vollen Zügen genossen. Ich nahm Abschied von den gepflasterten, schmalen Wegen an der Mauer entlang, auf dem ich nun fast neun Monate hin- und hergelaufen bin, in dem ich nun schon jeden Stein und jedes Unkräutlein, das zwischen den Steinen wächst, genau kenne.

An Sophie Liebknecht, Wronke, 20. Juli 1917 (GB 5, 279)

Die Geschichte aller bisherigen Revolutionen zeigt uns, dass gewaltsame Volksbewegungen, weit entfernt, ein willkürliches, bewusstes Produkt der sogenannten »Führer« oder der »Parteien« zu sein, wie sich der Polizist und der offizielle bürgerliche Historiker einbildet, vielmehr ganz elementare, mit Naturgewalten sich durchsetzende soziale Phänomene sind, die ihre Quelle in dem Klassencharakter der modernen Gesellschaft haben. An dieser Sachlage hat sich zunächst durch das Aufkommen der Sozialdemokratie noch nichts geändert, und auch ihre Rolle besteht nicht darin, der geschichtlichen Entwicklung des Klassenkampfes Gesetze vorzuschreiben, sondern umgekehrt darin, sich ihren Gesetzen und dadurch diese sich dienstbar zu machen. Wollte sich die Sozialdemokratie proletarischen Revolutionen widersetzen, falls diese eine geschichtliche Notwendigkeit sind, so wäre das einzige Ergebnis dies, dass die Sozialdemokratie sich aus einer Führerin in eine Nachläuferin oder in ein ohnmächtiges Hindernis des Klassenkampfes verwandeln würde, der sich schließlich wohl oder übel ohne sie und gegen sie im gegebenen Augenblick durchsetzen müsste.

Und zum dritten Mal das belgische Experiment, 1901/02
(GW 1/2, 240f.)

Der so perfekt gewordene feudal-bürgerliche Kompromiss, der den Parlamentarismus selbst vom historischen Standpunkt zu einem Rudiment, zu einem funktionsberaubten Organ gemacht, hat auch all die heute auffallenden Merkmale des parlamentarischen Verfalls mit zwingender Logik produziert. Solange der Klassenkonflikt zwischen Bürgertum und Feudalmonarchie dauert, ist der offene Parteikampf im Parlament sein natürlicher Ausdruck. Auf dem Boden des perfekt gewordenen Kompromisses dagegen sind bürgerliche Parteikämpfe im Parlament unnütz. Die Interessenkonflikte zwischen den verschiedenen Gruppen der herrschenden bürgerlich-feudalen Reaktion werden nicht mehr durch Kraftproben im Parlament, sondern in der Form des Kuhhandels hinter den Kulissen des Parlaments ausgetragen. Was an bürgerlichen offenen Parlamentskämpfen noch übrig geblieben ist, sind nicht mehr Klassen- und Parteikonflikte, sondern höchstens in zurückgebliebenen Ländern, wie Österreich, Nationalitäten-, d. h. Cliquenhader, dessen adäquate parlamentarische Form die Raufszene, der Skandal ist.

Organisationsfragen der russischen Sozialdemokratie, 1903/04
(GW 1/2, 449f.)

Meine Mutter, die nebst Schiller die Bibel für der höchsten Weisheit Quell hielt, glaubte steif und fest, dass König Salomo die Sprache der Vögel verstand. Ich lächelte damals mit der ganzen Überlegenheit meiner fünfzehn Jahre und einer modernen naturwissenschaftlichen Bildung über diese mütterliche Naivität. Jetzt bin ich selber König Salomo: Ich verstehe auch die Sprache der Tiere. Natürlich nicht, als ob sie menschliche Worte gebrauchten, sondern ich verstehe die verschiedensten Nuancen und Empfindungen, die sie in ihre Laute legen.

An Sophie Liebknecht, Wronke, 23. Mai 1917 (GB 5, 243f.)

Die »Dialektik« der Friedenstendenz der kapitalistischen Entwicklung, die ihre Kriegstendenz angeblich durchkreuzt und über sie obsiegt, läuft einfach auf die alte Binsenwahrheit hinaus, dass die Rosen der kapitalistischen Profitmacherei wie der Klassenherrschaft eben auch für die Bourgeoisie nicht ohne Dornen sind, die sie jedoch trotz Weh und Ach immer noch lieber um ihr Dulderhaupt, solange es geht, zu tragen vorzieht, als sie mitsamt dem Haupt auf den gutgemeinten Rat der Sozialdemokratie loszuwerden.

Friedensutopien, 1911 (GW 2, 497f.)

Hunger und Krieg haben wir heute vor uns, zwei Blüten vom Baume der kapitalistischen Ausbeutung.

Dem Weltkrieg entgegen, 1911 (GW 3, 59)

Ich freue mich schon so auf den Frühling, das Einzige, was man nie satt kriegt, solange man lebt, was man im Gegenteil mit jedem Jahr mehr zu würdigen und zu lieben versteht.

An Sophie Liebknecht, Breslau, 14. Januar 1918 (GB 5, 356)

Seit dem 4. August 1914 hat in der deutschen Sozialdemokratie ein Prozess der Zersetzung und des Zerfalls eingesetzt, der keinen Tag und keine Stunde ruht und der sich mit der ganzen Strenge und Folgerichtigkeit eines Naturprozesses vollzieht.

Offene Briefe an Gesinnungsfreunde, 1917 (GW 4, 232)

Eine Welt muss umgestürzt werden, aber jede Träne, die geflossen ist, obwohl sie abgewischt werden konnte, ist eine Anklage, und ein zu wichtigem Tun eilender Mensch, der aus roher Unachtsamkeit einen armen Wurm zertritt, begeht ein Verbrechen.

Eine Ehrenpflicht, 1918 (GW 4, 406)

Der Same des Sozialismus, des Klassenkampfes, trägt tausendfältige Frucht, seine Körner werden durch alle Winde hinausgestreut, und auch auf dem härtesten, unbeackerten Boden keimt schon die erste grüne Saat.

Maifeier im Zeichen des Wahlrechtskampfes, 1910 (GW 2, 337)

Auch im Zarenreich ist die Sozialdemokratie nicht diejenige, die erntet, wo andere gesät haben, vielmehr gehört ihr die revolutionäre Aussaat mitsamt der Riesenarbeit der Urbarmachung des proletarischen Bodens. Die Ernte aber gehört allen fortschrittlichen Elementen der bürgerlichen Gesellschaft und nicht zuletzt – der internationalen Sozialdemokratie.

Die Revolution in Russland, 1905 (GW 1/2, 508)

Ich will Ihnen häufig schreiben, mir genügt aber vollkommen, wenn sie einen kurzen Gruß auf einer Postkarte schicken! Seien Sie viel im Freien, botanisieren Sie viel. Haben Sie den kleinen Blumenatlas von mir mit? Seien Sie ruhig und heiter, Liebste, alles wird gut gehen! Sie werden sehen!

An Sophie Liebknecht, Wronke, 19. April 1917 (GB 5, 218f.)

Heute kam eine Menge Schmetterlinge und Hummeln, sie fanden aber kein einziges Blümchen im Garten. – Ich stellte deshalb den blühenden Topf Cineraria heraus, den mir Marta geschenkt hat, und Sie hätten sehen sollen, wie sich die Tierchen darauf stürzten und von dem Goldstaub nicht genug naschen konnten. Auch einen prächtigen Vogel habe ich heute zum ersten Mal im Leben gesehen: die Goldammer. Ich saß so still und unbeweglich, dass sie ganz nahe heranhüpfte und ich sie genau betrachten konnte. Was ich alles hier in Wronke kennenlerne! Wirklich, Mathilde, ich sammle hier massenhaft neue Kenntnisse, lese dann gleich darüber nach und fühle mich förmlich bereichert.

An Mathilde Jacob, Wronke, 3. Mai 1917 (GB 5, 231)

Liebste, wenn man die üble Gewohnheit hat, in jeder Blüte nach Gift zu suchen, so findet man, solange man lebt, eine Ursache zum Stöhnen. Nimm aber die Dinge umgekehrt und suche nach Honig in jeder Blüte, so findest Du stets Ursache, um heiter zu sein.

An Luise Kautsky, Wronke, 15. April 1917 (GB 5, 208)

Mitten in meinem mühsam aufgebauten schönen Gleichgewicht packte mich gestern vor dem Einschlafen wieder eine Verzweiflung, die viel schwärzer war als die Nacht. Und heute ist auch noch ein grauer Tag, statt Sonne – kalter Ostwind ... Ich fühle mich wie eine erfrorene Hummel; haben Sie schon mal im Garten an den ersten frostigen Herbstmorgen eine solche Hummel gefunden, wie sie ganz klamm, wie tot, auf dem Rücken liegt im Gras, die Beinchen eingezogen und das Pelzlein mit Reif bedeckt?

An Hans Diefenbach, Wronke, 30. März 1917 (GB 5, 195)

QUELLEN

Rosa Luxemburg: Gesammelte Werke
Band 1–5, Institut für Marxismus-Leninismus, Dietz Verlag Berlin; siehe auch: https://rosaluxemburgwerke.de/ (als GW nachgewiesen)

Rosa Luxemburg: Gesammelte Briefe
Band 1–6, Institut für Marxismus-Leninismus, Dietz Verlag Berlin (als GB nachgewiesen)

Die Zitate werden entsprechend den heutigen Rechtschreibregeln wiedergegeben.

Neues Leben – eine Marke der
Eulenspiegel Verlagsgruppe Buchverlage GmbH

ISBN 978-3-355-01920-0

1. Auflage 2024

Umschlaggestaltung: Buchgut, Berlin
unter Verwendung einer historischen Abbildung von Rosa Luxemburg

Druck und Bindung: buchdruckerei.de, Berlin

www.eulenspiegel.com